10 €
W0379150

FRANÇOISE DOLTO

La langue des images

Yannick François

Françoise Dolto

La langue des images

Collection Païdos
BAYARD ÉDITIONS

Tous droits réservés. La loi du 11 mars 1957 interdit les copies ou reproductions destinées à une utilisation collective. Toute représentation ou reproduction intégrale ou partielle faite par quelque procédé que ce soit, sans le consentement de l'auteur et de l'éditeur, est illicite et constitue une contrefaçon sanctionnée par les articles 425 et suivants du Code pénal.

ISBN 2.227.00592.0
© Bayard Éditions, 1999
3, rue Bayard, 75008 Paris

PRÉFACE

Le fait d'être la fille de Françoise Dolto ne me désigne *a priori* aucunement pour préfacer un livre la concernant. À vrai dire, cette filiation m'inciterait plutôt au silence face à ceux qui se font exégètes de son œuvre foisonnante. Mais ce livre-ci a une histoire particulière qui m'incite à prendre la plume en un geste d'accompagnement amical envers celui qui se risque ainsi à prendre la parole, ce qui – quand la parole est authentique – est toujours une aventure (ouverture, devrais-je dire) qui bien vite déborde son auteur.

Quelques semaines avant sa mort, ma mère reçut par la poste un manuscrit la concernant, une thèse à propos de son œuvre. D'abord intriguée, puis amusée, elle le lut d'un trait et me confia : « C'est un bon travail, il faut répondre à ce monsieur. »

Ainsi ce livre sur son œuvre, s'il n'est pas le premier et ne sera probablement pas le dernier, restera le seul qu'elle ait lu et apprécié. *A posteriori*, je m'émerveille de l'organisation mystérieuse des choses qui fit parvenir ce texte entre ses mains juste au moment où elle pouvait vraiment le recevoir. Elle ne travaillait plus et ne quittait plus son lit, profondément détachée de tout ce qui avait été son labeur quotidien – courrier, écriture, relecture – pour cause de force majeure. Elle était occupée à préparer sa mort et à jouir d'une paix qu'elle n'avait jamais connue, pouvant consacrer toute son énergie à l'essentiel : la communication avec ceux qu'elle aimait, la méditation active et joyeuse sur le mystère de la vie que la proximité certaine de la mort rendait encore plus fascinant. C'était une période intense où elle était comme libérée de tout ce qui avait fait sa vie sociale pendant tant d'années, l'encombrant personnage médiatique qu'elle endossait chaque matin avec bonhomie (parce qu'elle savait qu'à travers lui elle pouvait toucher, faire bouger, émouvoir quelqu'un, un inconnu dans la foule, ne serait-ce qu'un à chaque fois, cela valait le coup, pensait-elle) était pour ainsi dire déposé là, au pied du lit de l'infirme respiratoire qu'elle était devenue. Affranchie de ce carcan social, elle était recentrée sur son espace intime. Plus libre que jamais malgré le tuyau d'oxygène qui limitait étroitement tous ses gestes, cohérente avec ce qu'elle avait toujours dit et fait, elle arpentait, telle qu'en elle-même, cet espace-temps si particulier de celui qui sait que la mort proche est inévitable et prévisible dans sa forme. C'était un bon moment pour accueillir ce texte sur l'œuvre de Mme Dolto, cette étrange et forte femme qu'elle était encore, et qu'elle n'était déjà plus. Elle avait le détachement nécessaire à une telle lecture, et je crois qu'elle était contente de voir des jeunes s'atteler à ce travail de défrichage et d'organisation qu'elle savait nécessaire. Comme on le comprend bien en lisant Yannick François, il n'avait jamais été question pour elle de se livrer à une telle synthèse, trop occupée qu'elle était à avancer, à rencontrer, à vivre son travail au jour le jour pour s'occuper de rassembler et de synthétiser une œuvre, qu'elle prenait le risque de laisser vivre sa propre vie dans une sorte d'éparpillement où chacun devait faire son propre chemin. Était-ce parce qu'elle y accordait peu d'importance ? Peut-être. Je crois plutôt que, pour privilégier l'essentiel, elle faisait confiance à ceux qui viendraient faire à sa place un travail pour lequel elle n'avait pas de temps. La confiance fut toujours une valeur maîtresse de sa vie.

Lire le texte de Yannick François fut pour moi à la fois passionnant et éprouvant. Passionnant de découvrir cette femme et son œuvre à travers le regard et les idées d'un autre ; éprouvant, une fois de plus, d'avoir à partager ce qui est mon espace intime, mon histoire familiale, celle qui était pour moi « maman », avec une foule d'inconnus sans visage. C'est un destin singulier d'avoir à se tenir là où l'histoire d'une personne devient un élément reconnu de la vaste histoire des humains qui cherchent à comprendre les humains. Chacun affairé, concentré, forant sa trajectoire à travers les doutes et les morceaux de connaissance maintes fois érigés en systèmes clos, souvent dans un grand sentiment d'isolement. C'est dans l'après-coup, à travers des livres comme celui-ci, qu'ils se trouvent tous réunis, à la fois proches et uniques, rassemblés dans la lumière que dirige sur eux le travail de ceux qui cherchent à mieux les comprendre et à intégrer leurs œuvres dans cette immense toile que tissent depuis la nuit des temps les hommes à la recherche de l'homme.

Catherine Dolto-Tolitch

INTRODUCTION À LA DEUXIÈME ÉDITION

« C'est cela, le travail du psychanalyste :
poser un être humain dans son identité,
son espace, son temps, sa lignée,
et lui permettre les médiations imaginaires
qui soutiennent la symbolisation
des relations humaines. »

Françoise Dolto [1]

Il est impossible de rester neutre face à l'œuvre de Françoise Dolto. Elle captive et passionne ceux qui aiment son foisonnement et son humanisme, elle agace et irrite ceux qui n'y voient que traits de génie clinique, recettes éducatives et prosélytisme religieux. Le débat qui oppose les uns et les autres reste la plupart du temps serré dans cette alternative. Que l'on évoque l'extraordinaire clinicienne et la femme de génie, ou que l'on dénonce ses supposées dérives spiritualistes et conceptuelles, l'œuvre elle-même demeure souvent méconnue. On oublie que Françoise Dolto fut avant tout une authentique psychanalyste qui a construit un véritable corpus théorique, avec ses concepts fondamentaux, son vocabulaire et sa logique interne. Il est vrai que tout cela n'apparaît clairement qu'à la lecture de l'intégralité de l'œuvre de Dolto, lorsqu'on a rassemblé les concepts et les définitions dispersés aussi bien dans ses textes proprement théoriques que dans ceux qu'elle dédiait au grand public. Le premier objet de l'ouvrage qu'on va lire est de dégager de l'œuvre de Françoise Dolto, et de sa richesse, ses concepts fondamentaux que sont *image inconsciente du corps* et *castration symboligène*, inséparables de leur mise en perspective sur le fond de la *question du sujet*. À partir des concepts fondamentaux on voit alors se déployer une lecture originale de multiples autres thèmes de la psychanalyse, du transfert aux pulsions de mort, de la psy-

1. 1986*f*, p. 20 (souligné par l'auteur) *(les dates sans mention d'auteur dans les notes de bas de page renvoient à la bibliographie chronologique des textes de Françoise Dolto présentée en fin d'ouvrage).*

chose à la sexualité féminine. On devine même les prémices de ce qui pourrait devenir une clinique de l'image du corps, quand d'autres travaux théoriques et cliniques seront venus enrichir le domaine ouvert par Dolto. Toutefois il ne saurait être question ici d'exhaustivité ; de nombreux thèmes seront simplement évoqués au passage, au détour d'une citation. La lecture de l'œuvre est en effet irremplaçable, en particulier par la proximité qu'elle permet avec la langue inimitable de Françoise Dolto ; elle demeure le meilleur rempart contre une dérive académique ou trop didactique de ce qui doit rester une invitation à la rencontre clinique. Voilà pour justifier les nombreux extraits de livre ponctuant cet ouvrage, qui sont incitation à la lecture et au retour au texte.

Parmi les critiques lancées à l'encontre de Dolto, il en est une qui concerne sa position sur la question du sujet. Des élèves de Lacan ont considéré en effet que Dolto tenait un discours de clôture à son propos, qu'au sujet lacanien, divisé et toujours tout autre, elle opposait un sujet rassurant et plein, attaché à une parole consolatrice. Il est certain en effet que la conception unitaire du sujet de Dolto la fait avancer sur un chemin étroit entre le mystère maintenu de l'essence du sujet et les effets bienfaisants, si l'on veut, d'une parole qui peut être réduite à des slogans, à des sentences ou à des préceptes éducatifs. Mais en réalité, et quoi qu'on en ait dit, Dolto ne bascule jamais de ce côté, que d'aucuns appellent la suture. Que ce soit dans sa théorisation, dans ses cures ou dans ses propositions de réformes sociales, Françoise Dolto reste une psychanalyste dont l'ultime souci éthique est qu'une parole puisse se dire, inouïe et toujours en dehors de tout système conceptuel, technique, moral ou religieux, et que le désir en fin de compte retrouve sa puissance subversive. La question du sujet qui irrigue l'ensemble de l'œuvre de Dolto ne peut être réduite ni à ses échos spiritualistes ni à une visée morale primaire ; elle impose une mise en perspective plus large, en particulier par rapport aux théories de Lacan, et sera de ce fait un thème qui traversera tout le livre.

L'écart théorique qui se dessine ici entre Dolto et Lacan sur la question fondatrice du sujet s'amplifie encore lors du passage sur le terrain de la cure psychanalytique ; leurs stratégies divergent alors radicalement. Lacan pousse à l'épure la théorie et le dispositif analytiques, toute son œuvre vise le dépouillement de la personne de tout oripeau imaginaire pour la conduire au plus près de l'épreuve de sa vacuité. Françoise Dolto maintient au contraire l'idée, qui est au fondement de son œuvre, que l'accès à l'essence symbolique du sujet passe par le défilé de médiations imaginaires. Le stade du miroir devient le carrefour où les chemins de Lacan et de Dolto se séparent, l'un délaissant l'image spéculaire pour se tourner exclusivement vers l'ordre symbolique, l'autre s'attachant à théoriser le moment même où l'image rencontre et porte le symbole, où le récit rencontre la structure. On comprend dès lors que Françoise Dolto ait donné une telle importance aux réalisations plastiques des enfants, qu'elle ait appelé son concept essentiel *image* du corps, que ses interprétations aient été si proches des contes, et même qu'elle ait souhaité laisser une trace autobiographique en forme de roman d'apprentissage. La question de la valeur *symboligène* – un néologisme cher à Dolto – des médiations imaginaires sera le second fil rouge du livre.

Malgré l'ampleur de l'œuvre théorique de Françoise Dolto qui se devine ici, ce n'est pas elle qui a fait la notoriété du personnage. Le grand public et la plupart des professionnels travaillant avec des enfants ont connu Françoise Dolto d'abord grâce à ses prises de position dans les domaines de l'éducation, de la pédagogie et des soins aux jeunes enfants. On se souvient plus facilement de ses émissions à la radio et à la télévision, de la Maison verte ou de telle phrase en forme de slogan que du concept d'image inconsciente du corps. Françoise Dolto elle-même est en partie à l'origine de ce malentendu. En quittant son cabinet de psychanalyste pour aller dans la cité, elle disait en effet vouloir contribuer à la prévention précoce des troubles mentaux grâce aux connaissances issues de la psychanalyse. Mais il n'est pas si facile en réalité de franchir le pas entre thérapie psychanalytique et prévention psychanalytique ; c'est peut-être même impossible. Qu'en est-il en effet de l'inconscient dans une pratique dont la raison première est de nature sociale ? Peut-on transposer des concepts opérants dans la cure vers un domaine tout autre sans qu'ils perdent leur légitimité ? Que devient la référence au sujet quand on la croise à la notion de citoyenneté ? Françoise Dolto a peu théorisé ces questions, bien qu'elle ait de fait joué un rôle déterminant, au moins en France, dans la reconnaissance de l'enfant en tant que sujet. Ce point mérite donc d'être examiné, en particulier quant à la notion de prévention qui a fondé les actions de Françoise Dolto. On peut déjà évoquer ici la proposition, qui sera avancée en fin d'ouvrage, concernant ce qui relèverait de l'élargissement de la thérapie psychanalytique à des temps très précoces et dans des lieux inhabituels, plutôt que de l'invention d'une hypothétique prévention psychanalytique.

Cet ouvrage n'est plus tout à fait celui que Françoise Dolto a lu avant sa mort, auquel Catherine Dolto-Tolitch fait référence dans sa préface et qui était le fruit de la réécriture d'un mémoire universitaire rédigé sous la direction du Dr Georges Juttner. Il a aujourd'hui une histoire, nourrie des influences des uns et des autres, des enfants en premier, des compagnons de l'équipe des Archives Françoise-Dolto [1], et de tous ceux qui, psychanalystes ou non, sont à la recherche d'une certaine vérité.

1. Association Archives et documentation Françoise-Dolto, 21, rue Cujas, 75005 Paris.

PREMIÈRE PARTIE

DU MOI AU SUJET

1

RETOUR AUX SOURCES : BIOGRAPHIE, AUTOBIOGRAPHIES

Un roman d'apprentissage

Françoise Dolto pensait qu'il était du devoir du psychanalyste de livrer quelques éléments de sa propre histoire. Elle nous a laissé ainsi deux ouvrages autobiographiques, *Enfances*[1] et *Autoportrait d'une psychanalyste*[2], auxquels il faut ajouter les nombreuses allusions à son enfance au fil de ses articles, en particulier dans *La cause des enfants*[3]. Après sa disparition ses enfants trouveront en outre une importante correspondance personnelle qu'elle avait choisi de ne pas détruire, ce qu'ils considérèrent comme un accord implicite à sa publication dans la mesure où leur mère avait éliminé de ses archives ce qui lui paraissait devoir rester secret. Une partie a été rassemblée et éditée aujourd'hui dans l'ouvrage *Correspondances*[4].

Les deux premiers ouvrages biographiques sont le fruit de conversations avec des proches ou des amis analystes, ce ne sont donc pas au sens strict des écrits autobiographiques. S'il est certain que dans ces jeux de questions-réponses Françoise Dolto se rend plus proche du lecteur, qui peut s'identifier facilement à ses interlocuteurs, l'ambiguïté propre à ce style d'ouvrage se trouve en revanche renforcée et la confidence est prudente. Dolto livre souvenirs et anecdotes autant pour se dévoiler que pour se cacher, et

1. 1986 *d*.
2. 1989 *a*.
3. 1985 *a*, « Genèse et combat d'une psychanalyste d'enfants », p. 170-193.
4. 1986 *d*.

elle n'échappe pas aux hésitations et aux jeux de masques propres aux démarches introspectives. Dolto évoque sa propre histoire autant pour en témoigner que pour la défendre, ou plus exactement lui conférer une cohérence qu'elle n'a peut-être pas. Elle garde le silence sur ses interrogations les plus intimes et les plus irréductibles, elle nous propose seulement quelques pistes, quelques traces, les ruptures marquantes, ses relations avec sa mère, des émois esthétiques, intellectuels. Un tel parti pris ne peut relever d'une quelconque naïveté : Françoise Dolto semble avoir voulu laisser une forme de roman d'apprentissage plutôt qu'une « véritable » autobiographie. Elle met en effet l'accent avant tout sur les épreuves qu'elle a traversées et sur les transformations qu'elles ont entraînées. Son but est clair, elle veut transmettre un enseignement bien plus que le récit anecdotique de sa vie. Elle veut donner l'exemple d'une façon de composer avec ses souffrances et d'affûter son désir aux blessures de l'enfance. Songe-t-elle à cela quand elle conclut son *Autoportrait* sur ces mots : « Voilà, mes amis, je crois que je vous ai dit ce que je voulais, à mon tour, vous transmettre[1] » ? La biographie de Françoise Dolto, ou plutôt celle qu'elle nous a offerte, pourrait être rangée au côté des nombreuses vignettes cliniques qui ponctuèrent son enseignement, comme le récit d'une histoire tout aussi singulière qu'exemplaire, comme un conte pour dire le symbole et sa toute première médiation imaginaire.

Le 6 novembre 1908 Françoise Marette naît à Paris au sein d'une famille de trois enfants : Jacqueline, l'aînée, a six ans, Pierre va avoir cinq ans et Jean a deux ans.

Son père, Henri Marette, est le fils d'un architecte célèbre mort en 1878 dans des circonstances héroïques. Henri Marette est polytechnicien et travaille dans les usines Demmler. C'est là qu'il fait la connaissance de la fille de son directeur, Suzanne Demmler, qui deviendra sa femme. Arthur Demmler, son père, est le fils d'un homme qui fut précepteur à la cour des Wurtemberg avant d'immigrer en France ; il est lui aussi polytechnicien. Le 16 juin 1901, le mariage d'Henri Marette et de Suzanne Demmler scelle l'alliance de deux familles exemplaires de la bourgeoisie du XIXe siècle.

Chaque famille incarnait toutefois un style différent de bourgeoi-

1. 1989 *a*, p. 253.

sie, ouvert et « éclairé » côté paternel, plus traditionnel et conformiste côté maternel, une nuance que Françoise Dolto nous dit avoir ressentie très tôt : « On reconnaît bien les familles des deux côtés, mais surtout par des affinités ou des inimitiés, des tensions familiales. On reconnaît un peu que ce n'est pas le même style de vie, le côté de Papa et le côté de Maman, qu'il y a sûrement un passé différent ; mais on n'en est pas vraiment conscient. On n'est pas conscient de l'ambiance différente des deux familles, on est conscient de ce que, si on les aime, il ne faut pas trop en parler. On ne peut pas parler à Maman de ce qu'on aime dans la famille paternelle, de même que, si on parle à Papa de la famille maternelle, il n'écoute pas [...]. C'est comme ça qu'on voit qu'ils ne sont pas frère et sœur. Au début, rien ne vous dit que votre père et votre mère ne sont pas frère et sœur. [...] Il y avait un style bourgeois-luxe du côté de Maman, XVIe arrondissement, et un style bourgeois-aisé mais simple du côté de Papa, XIVe arrondissement [...] [1]. »

Françoise Dolto se décrit comme une fillette qui dérangeait les adultes et suscitait même leur inquiétude ; les cartes postales écrites par des amis de ses parents en témoignent : « Des cartes postales que les gens s'écrivaient à mon propos, et ils disaient que j'étais marrante, mais qu'est-ce que je deviendrais plus tard ? Que c'était inquiétant toutes les idées que j'avais, que j'avais tellement d'idées qu'on ne savait où je prenais tout ça. Et moi, je recevais des lettres avec toujours : “Tâche d'être plus sage parce que tu fatigues les grandes personnes [...].” Et moi, je croyais que j'étais à côté, je n'étais pas conforme, et je ne comprenais pas pourquoi [2]. »

Françoise Dolto nous livre à ce propos une anecdote survenue à l'occasion d'un déménagement, alors que ses parents avaient installé dans la salle à manger du nouvel appartement un lustre équipé de fausses bougies électriques : « Moi, je ne connaissais que les bougies qu'on allumait et qui n'avaient pas de flammes quand elles étaient éteintes. [...] Qu'est-ce que ça avait de beau, d'imiter des bougies ? Je me rappelle très bien que j'étais en plein dans la question du beau : puisqu'ils s'installaient, c'était beau, et puis je les écoutais parler de ça à table. Et je ne comprenais pas le beau des grandes personnes. C'était vraiment un problème, pour moi. “Mais

1. 1986 *d*, p. 37.
2. 1986 *d*, p. 72-73.

pourquoi c'est beau, des fausses bougies ? – Mais tu n'y comprends rien !" Il n'y avait pas de réponse. Pourquoi c'est beau que la lumière soit cachée[1] ? » La même question revient à propos du lustre à éclairage indirect du salon : « Ça voulait dire des lustres avec des espèces de carcasses en fil de fer tout à fait comme les cuvettes d'avant l'eau courante. [...] C'était le fin du fin, "l'éclairage indirect" ; résultat, on ne voyait rien. [...] Et moi, je disais : "Pourquoi c'est beau de ne rien voir ?" Et on me disait que je n'y comprenais rien[2]. » Françoise Dolto rattache sa précoce envie de comprendre à ces petits décalages, apparemment dérisoires, entre ses sentiments d'enfant et ceux des adultes : « J'ai passé ma vie à m'étonner. Je ne sais pas d'où ça vient, cette faculté d'étonnement, cette faculté de surprise, de réflexion que j'avais à propos de tout. C'est difficile. Je crois que ça a commencé avec l'idée du beau, comme je l'ai dit[3]. »

À l'origine de son ingénuité, de sa sincérité candide, de sa « monstruosité » même, comme le lui dit parfois sa mère, il y a peut-être une jeune Irlandaise qui s'est occupée d'elle jusqu'à l'âge de six mois : « Une fille marginale, un peu droguée, un peu poète, très fine, il paraît, qui connaissait toute la poésie irlandaise. » Françoise Dolto n'a retrouvé le souvenir de ce lien précoce qu'à l'âge de vingt-cinq ans au cours de son analyse : « C'est très curieux, dans ma psychanalyse, je tournais tout le temps avec des rêves autour de souvenirs qui étaient associés à "rue Vineuse", comme si c'étaient des orgies à la *Quo Vadis*, avec un rideau de cheveux roux odorants qui cachaient des nappes où il y avait des verres de champagne. Un jour, mon psychanalyste me dit : "Demandez à votre mère si le mot rue Vineuse lui dit quelque chose." J'ai demandé à ma mère qui s'est étonnée [...]. Elle m'a dit : "C'est extraordinaire, ce que tu me demandes là, parce que, quand tu étais bébé, ta voiture d'enfant était toujours devant un hôtel de la rue Vineuse, on le sait parce que nous avons filé la fille qui s'occupait de toi[4]." » Sa mère avait en effet découvert des vols d'objets de grande valeur à la maison, la jeune nurse fut soupçonnée, filée par la police, et l'on découvrit qu'au lieu d'aller au jardin avec l'enfant elle se rendait

1. 1986 *d*, p. 31.
2. 1986 *d*, p. 31-32.
3. 1986 *d*, p. 70.
4. 1986 *d*, p. 39-40.

dans un hôtel de passe luxueux où circulait de la cocaïne. La jeune fille fut renvoyée immédiatement, mais dans les trois jours qui suivirent la petite Françoise, alors âgée de six mois, contracta une double broncho-pneumonie gravissime. Françoise Dolto pense devoir son originalité par rapport au reste de sa famille aux premiers mois passés avec sa nurse irlandaise si différente de sa mère, et qui lui était si attachée : « Je pense que la relation à cette jeune femme qui m'a beaucoup aimée a dû jouer sur les possibilités génétiques qui étaient en moi, et à un âge tout à fait antérieur au langage parlé. Bien sûr, j'ai failli mourir à son départ. Mais puisque j'ai été sauvée, oubliant tout d'elle et même de cette grave maladie presque mortelle[1]... » À cela on peut ajouter maintenant que Françoise Dolto est morte quatre-vingts ans plus tard d'une insuffisance respiratoire devenue chronique... Peut-être la confirmation ultime de la puissance d'inscription dans le corps d'une expérience préverbale.

Si Françoise Dolto n'avait retrouvé le souvenir de ce traumatisme précoce que dans sa cure, elle avait en revanche conservé très clairement celui de la mort sur le front de son oncle maternel et parrain, Pierre Demmler, le 10 juillet 1916. La famille avait tissé entre eux une curieuse relation puisque Pierre était présenté comme le fiancé de Françoise. L'un et l'autre se prêtaient à ce jeu et échangeaient cadeaux et mots d'affection, mais la mort de Pierre rendit soudain grave ce qui ne serait resté qu'une fantaisie œdipienne : « [...] L'influence formidable qu'a eue sur moi le chagrin de la mort de l'oncle Pierre. Je ne peux pas y repenser sans resouffrir, non plus pour le présent mais rétrospectivement. J'étais une enfant, c'est entendu, mais, pour moi, ces enfantillages étaient une réalité indiscutable qui absorbait complètement mon esprit en étant le pivot de toutes mes pensées. [...] Je ne me sens pas comme les autres jeunes filles de mon âge et j'en souffre énormément », confie-t-elle dans une lettre à l'âge de vingt ans[2].

Comment pourrait-on se représenter l'enfant qu'elle fut à partir des souvenirs de Françoise Dolto ? L'idée de vitalité s'impose

1. 1986 *d*, p. 73.
2. 1991 *a*, p. 215.

d'emblée, perceptible dans ses lettres d'enfant, et surtout dans celles que les adultes lui adressaient. Mais toute cette énergie semblait mise au service d'une lutte permanente contre une souffrance plus obscure et plus diffuse, et une quête éperdue d'amour et de reconnaissance se devine souvent en contrepoint de ses « bêtises », et surtout de ses questions. Elle ne s'aime pas beaucoup, elle n'a pas une grande estime d'elle-même, et au fond elle semble éprouver un intense sentiment de solitude. Il lui faut sans cesse justifier son existence et se donner une fonction pour les adultes. Ses dialogues imaginaires avec son « bon ange gardien », son compagnon invisible et confident, en témoignent : « Est-ce que c'est pareil le bien et le mal dans le ciel et le bien pour la dame qui nous éduque [...] ? Alors, c'est là que mon ange gardien m'a dit un jour : "Il faut bien qu'il y ait quelqu'un qui fasse gagner le ciel aux grandes personnes, alors tu en es chargée ; c'est pour ça que tu fais des bêtises, pour faire gagner le ciel aux grandes personnes." J'étais consolée et je pouvais m'endormir en paix, parce que, au fond, j'avais fait mon métier qui était de faire gagner le ciel aux grandes personnes en étant insupportable sans savoir comment[1]. » Les questions de Françoise à sa préceptrice, celle qu'on appelait « Mademoiselle » dans la famille et qui s'occupait particulièrement d'elle, révèlent le même trouble et les mêmes préoccupations moroses : « Tous les jours, quand j'étais petite, nous allions nous promener avec l'institutrice au bout de la rue du Ranelagh, du côté d'une passerelle qui franchissait le chemin de fer de ceinture. Chaque fois que nous montions sur la passerelle, j'espérais qu'il y aurait un train qui passerait dessous ; et quand le train passait nous étions remplies de fumée [...]. La fumée, c'était toujours le fait que le monde disparaissait et qu'on se croyait dans le ciel [...]. Alors, à ce moment-là, je me disais toujours, en descendant de la passerelle : il faudra tout de même qu'elle me dise ce qu'il y a après la mort. C'était toujours à ce moment-là... en revenant du ciel, la grande question... après la mort... après la mort[2]. » Et, lorsque Françoise pose enfin sa question à Mademoiselle, celle-ci hésite et ne sait que lui répondre. Françoise Dolto affirme en avoir été rendue « schizoïde » pendant deux jours, ce qu'elle interprète beaucoup plus tard comme une

1. 1986 *d*, p. 14.
2. *In* This B., 1988.

véritable épreuve initiatique : « Je me suis remise dans la vie en sachant définitivement que les grandes personnes vivaient dans la même… enfin, dans l'ignorance de ce qui est le plus important… Il y avait une limite au savoir, au savoir des grandes personnes. À partir de ce moment-là, certainement, quelque chose a changé dans mes rapports aux grandes personnes[1]. » Au-delà des circonstances qui provoquèrent une telle question – la mort récente de son grand-père maternel – il semble bien que les pensées de la petite Françoise étaient fréquemment tournées vers la mort.

Il s'agit peut-être aussi d'un effet de la mémoire, ou du choix de Françoise Dolto de n'évoquer que les moments les plus intenses de sa vie, liés souvent à la mort de ses proches. Il y eut celle de l'oncle Pierre, son « fiancé », mais il y eut surtout celle de sa sœur aînée Jacqueline, le 30 septembre 1920, aux conséquences infiniment plus dramatiques. À l'âge de dix-huit ans, Jacqueline meurt d'un cancer osseux fulgurant : « J'avais douze ans, j'étais encore enfant de corps et d'esprit, mais ce qui est le plus terrible, c'est qu'on m'a annoncé, ma mère m'a annoncé, la veille de ma première communion, que ma sœur avait une maladie mortelle que les médecins ne savaient pas guérir ; mais que Dieu pouvait faire un miracle, qu'il faisait des miracles quand un enfant très pur faisait une prière. Elle se raccrochait à n'importe quoi, la pauvre femme, et elle m'a expliqué que personne ne pouvait être plus pur qu'un enfant qui fait sa première communion, donc, si je lui adressais une prière, Dieu ferait peut-être un miracle […]. Et comme je n'ai pas su faire une prière assez bien, elle est morte deux mois après… et je me suis sentie tout à fait coupable, et ma mère me l'a confirmé. Elle m'a dit que j'étais coupable. Elle m'a dit, premièrement : “Tu vois, tu n'as pas su prier.” Deuxièmement, elle n'a pas voulu me voir pendant quinze jours […][2]. » Sa mère reproche inconsciemment à Françoise de n'être pas morte à la place de l'autre, la préférée, celle qui « était blonde aux yeux bleus ». À la suite de cette disparition, Suzanne Marette entra dans un terrible deuil pathologique et la maison perdit toute vie ; « c'est comme si un éteignoir était tombé sur la maison ». Suzanne Marette court les voyantes, fait tourner les tables à la recherche de cette enfant disparue idéalisée, et traverse

1. 1986 *d*, p. 10.
2. 1986 *d*, p. 33.

même quelques mois plus tard des épisodes probablement délirants. Le 6 novembre 1920, quelques jours après la mort de Jacqueline, elle écrit à sa fille ces mots déjà définitifs : « Je crois que tu fais des efforts sur toi-même pour dominer ta nature de cheval échappé. Mais vois-tu, jamais tu n'aimeras assez ta mère, jamais tu ne feras assez pour tâcher de la soulager [...] [1]. » Cet événement eut peut-être un effet déterminant sur le destin de Françoise Dolto : « Jamais je ne serais devenue psychanalyste sans ce deuil bouleversant pour toute l'économie familiale. Je crois que je serais devenue médecin, de toute façon, parce que depuis l'âge de huit ans je le voulais, mais je ne crois pas que je serais devenue psychanalyste si ma sœur n'était pas morte et si je n'avais pas vécu ce deuil pathologique de ma mère, la souffrance morale et le désarroi de mon père, la douleur de mon frère aîné Pierre [...] [2]. » Elle pense en tous les cas avoir tiré de ce drame « une extraordinaire compassion pour les adultes ».

Dans le registre des liens que Françoise Dolto établit entre son enfance et sa pratique psychanalytique, c'est avec son jeune frère Jacques qu'elle pense avoir découvert l'intelligence de l'enfant. Jacques naît le 21 septembre 1922, presque deux ans jour pour jour après la mort de Jacqueline, et il semble qu'on ait conseillé à sa mère d'avoir un autre enfant pour reprendre goût à la vie. Heureusement que c'était un garçon, dira Dolto, promis qu'était cet enfant à remplacer sa sœur décédée, un sentiment bien peu partagé alors par sa mère qui lui écrit ces lignes deux jours plus tard : « Papa et maman sont furieux d'avoir trouvé un garçon au lieu d'une fille dans la boîte. On a failli le remballer, et puis on en a eu pitié [3]. » Les enfants de la famille Marette semblent avoir compris dès la naissance de Jacques la charge qui leur revenait : « Puisque c'est un petit frère, [...] je reste toujours ta fille. Et maintenant je serai très gentille avec toi, une petite maman pour mon petit frère et pour toi toujours ta fille qui tâchera d'être ta bonne fille, d'être une camarade et une amie pour toi comme l'était Jacqueline », écrit Françoise à sa mère le 20 octobre [4]. Quelques jours plus tard elle ajoute : « [...] je me marierai et je resterai avec toi, je te donnerai

1. 1991 *a*, p. 105.
2. 1986 *d*, p. 66-67.
3. 1991 *a*, p. 127.
4. 1991 *a*, p. 127.

beaucoup de petits enfants et naturellement des petites filles. Puisque toi tu n'as que des garçons, moi je n'aurai que des filles[1]. » Son frère Jean n'est pas en reste, qui le même jour écrit lui aussi à sa mère : « J'essayerai de te remplacer autant que je le pourrai Jacqueline. J'élèverai mon filleul et j'essaierai de le rendre affectueux et bon pour qu'il te remplace un peu la petite fille que tu aurais pu avoir. Je me marierai et je resterai près de toi[2]. » Françoise s'occupe de Jacques toute la journée : « Ça m'intéressait, mais je n'étais pas maternelle en cherchant à le cajoler, j'étais maternelle en cherchant à le comprendre, et quand il avait de la peine, j'essayais de comprendre pourquoi, et ce que ça voulait dire. [...] et en fait, c'est ça dont un enfant a besoin. C'est de questionner l'adulte et que l'adulte se sente vraiment questionné et ne réponde pas n'importe quoi. J'ai découvert ça avec lui[3]. »

Françoise Dolto parvient néanmoins à poursuivre sa scolarité, dans le but avoué de devenir médecin. Plus précisément « médecin d'éducation », métier inconnu auquel elle s'était pourtant destinée dès l'âge de sept ou huit ans : « Un médecin qui sait que, quand il y a des histoires dans l'éducation, ça fait des maladies aux enfants, qui ne sont pas des vraies maladies, mais qui font vraiment de l'embêtement dans les familles et compliquent la vie des enfants qui pourrait être si tranquille ! Et, en somme, c'est un peu ça que j'ai fait[4]. » Mais dans le milieu auquel elle appartient, il est inconcevable qu'une femme travaille, le seul fait de passer le bac est déjà une transgression : « Des études, fais-en si tu veux, mais ne passe pas le bac. Non. Une fille qui a son bac n'est plus mariable », lui dit sa mère. Mme Marette ira ainsi jusqu'à intervenir auprès du collège pour que sa fille ne puisse passer le bac, puis, après l'échec de cette démarche, elle ne réveillera pas sa fille à temps le jour de l'examen ! Françoise parvient néanmoins à obtenir son bac en juin 1925 ; elle avait choisi la psychanalyse comme matière à option. Il est finalement convenu que Françoise fera ce qu'elle voudra plus tard, mais elle devra attendre d'avoir vingt-cinq ans. On pourrait ne voir dans tout cela que le résultat de la mentalité conservatrice de

1. 1991 *a*, p. 131.
2. 1991 *a*, p. 132.
3. 1986 *d*, p. 68.
4. 1986 *d*, p. 44.

sa mère, si on n'ajoutait pas qu'elle-même aurait rêvé de faire des études de médecine…

Afin de payer ses futures études, Françoise Dolto s'initie alors à la couture et, en novembre 1929, elle commence des études d'infirmière qui seront couronnées par un diplôme en juin 1930. Elle vit toujours dans sa famille, ne sortant pratiquement que pour aller assister à ses cours. Puis, toujours sans l'accord de sa mère, elle parvient à s'inscrire avec son frère Philippe en année préparatoire aux études de médecine en novembre 1931 ; elle n'a « que » vingt-trois ans.

À la fin de l'été qui avait précédé son inscription, Françoise Dolto s'était liée d'amitié avec Edmond, le fils d'amis de ses parents. Amitié tout intellectuelle et platonique dans laquelle la famille Marette voulut voir une promesse de mariage. Sans bien se rendre compte des conséquences, Françoise Dolto avait accepté des fiançailles en contrepartie de la possibilité de faire enfin ses études de médecine. Il lui faudra trois ans, et qu'elle ne puisse plus se concentrer sur son travail, avant qu'elle réalise qu'elle n'a au fond rien à faire de ce garçon et qu'elle rompe les fiançailles, le 11 février 1934. La réaction de sa mère est terrible alors, et le fossé qui avait surgi entre Françoise et elle après la mort de Jacqueline se creuse un peu plus. Quoique cet événement paraisse surtout avoir précipité l'ambivalence des sentiments de Suzanne Marette à l'égard de sa fille en lui permettant d'affirmer son rejet. Une ambivalence que Dolto veut évoquer avec compassion dans ses autobiographies : « […], pour en revenir à ma mère, elle me disait que j'étais monstrueuse. Mais elle-même disait – comment dire ? – bien sûr pas avec amour, mais avec résignation. […] "C'est comme ça, tu n'y peux rien. Ce n'est ni agréable ni désagréable. Tu es monstrueuse[1] !" » Mme Marette poussait même le paradoxe, et l'ambivalence, jusqu'à acheter pour sa fille des objets qu'elle-même trouvait laids, convaincue alors, disait-elle, que c'est précisément ceux-là qui lui plairaient. Quand Dolto évoque cela vers la fin de sa vie, elle se refuse à condamner sa mère et préfère en parler en psychanalyste en cherchant quelle sorte de souffrance se révélait ainsi : « Je sentais qu'elle m'aimait, cette femme. Je sentais que, si

1. 1989 *a*, p. 217.

elle était si dure avec moi, c'était par angoisse, par névrose. [...] alors j'ai compris qu'elle vivait dans l'angoisse d'une vie ratée[1].» Quant aux épreuves que Françoise Dolto dut traverser avant de pardonner à sa mère, elle nous en parle peu, tout juste une anecdote pendant son analyse. Alors qu'au cours d'une séance elle parlait de sa mère à René Laforgue, son analyste, celui-ci l'avait interpellée en ces termes : «Mais vous ne vous rendez pas compte que vous exacerbez la névrose de votre mère en ne lui répondant pas et en subissant tout ce qu'elle vous impose ? Rien n'est plus mauvais pour les obsessionnels que de voir l'autre se laisser soumettre à leurs obsessions et à leurs idées obsédantes. [...] Il faut que vous teniez tête à votre mère et que vous lui fassiez une scène. Le jour où vous aurez le courage de faire une scène à votre mère en lui disant : "C'est fini, je t'interdis de me parler comme ça, et dorénavant je ne t'écouterai plus quand tu me parleras de cette façon", vous aurez résolu le problème[2].»

Françoise Dolto avait commencé sa cure psychanalytique avec René Laforgue le 17 février 1934, une semaine après la douloureuse rupture de ses fiançailles. Quelques mois plus tôt son frère Philippe avait commencé une psychanalyse avec le même René Laforgue et l'avait informé des difficultés de sa sœur ; Laforgue lui aurait conseillé alors de la lui envoyer. La correspondance de Françoise Dolto datée de cette époque nous apprend que c'est finalement sous la pression de son père qu'elle se rendit chez Laforgue : «Et ça a été très vite guéri, finalement, mon histoire. En parlant un peu chez Laforgue, je me suis rendu compte, en pleurant toutes les larmes de mon corps, de la culpabilité que j'éprouvais [...]. Très vite, en exprimant ainsi mon désarroi et mes sentiments de culpabilité, mon intelligence m'est revenue pour travailler, et je me suis dit qu'il fallait d'abord me libérer de ma mère[3].» En réalité la cure de Dolto se prolongea au-delà de la résolution de sa crise et dura en tout trois ans, selon un rythme dont Dolto nous a donné le détail : séances trihebdomadaires et séjour estival dans le village varois de Laforgue où il souhaitait que ses patients viennent séjour-

1. 1989 *a*, p. 110.
2. 1989 *a*, p. 244.
3. 1986 *d*, p. 58-59.

ner afin de bénéficier de séances quotidiennes. C'est à cette occasion que Françoise Dolto rencontre l'acteur Alain Cuny, qui restera toute sa vie un ami. Dolto se montre malheureusement très évasive sur son travail avec Laforgue : « J'ai fait mon analyse en n'y comprenant rien. Je disais toujours à mon analyste que je n'y comprenais rien. Je comprenais tout au-dehors de mon analyse, de mieux en mieux, mais je ne comprenais pas pourquoi. Et lui, il m'a dit avec son accent alsacien : "Vous comprenez très bien, vous ne comprenez peut-être pas avec ça (montrant sa tête), mais vous comprenez avec ça (montrant son cœur)[1]". » Ce qu'on retrouve en revanche en filigrane dans toute sa correspondance de l'époque, c'est le véritable bouleversement que sa cure provoque en elle et chez ses parents.

Il est vrai qu'il avait commencé dès le début de ses études de médecine, en témoigne cette lettre de son père datée du 15 mai 1933 : « Tu me fais une peine infinie, ma petite Françoise, et tu n'as pas l'air de t'en douter ! Depuis que tu as commencé ta médecine tu as changé à vue d'œil, et ton attitude me navre. Ton attitude envers ta maman et moi, parce qu'elle nous semble révéler une Vava [le diminutif familial de Françoise] très différente de celle que nous avons connue et dont la marque était la simplicité, la modestie et une affection si tendre ! [...] C'est un beau rêve après tant d'autres que ta mère a vu s'envoler. » Et H. Marette conclut sa missive par ces mots terribles : « Je t'en supplie, ma pauvre enfant, réveille-toi – sors de ces erreurs – il sera bientôt trop tard[2]. » À l'épreuve traversée par ses parents à la suite du changement de leur fille répondra celle de sa cure psychanalytique, ce qu'elle confie à son père en juillet 1934 : « Mon plus grand désir maintenant, c'est de conduire jusqu'au bout ce très pénible traitement parce que je sais que ce sera la meilleure façon de te remercier en devenant une femme – au sens plein du mot – dont tu pourras être fier, et cela simplement en laissant agir en moi la nature que tu m'as donnée[3]. »

C'est pendant sa psychanalyse que Dolto parvient enfin à quitter le domicile familial, en juillet 1936, une journée qu'elle ponctue dans son carnet par un seul mot, « JOIE ». Dès septembre elle évo-

1. 1986 *d*, p. 73.
2. 1991 *a*, p. 371-373.
3. 1991 *a*, p. 403.

quera dans un courrier à son père « l'ancienne Françoise », celle d'avant la cure. Françoise Dolto est autonome, mais se trouve alors confrontée au problème du paiement de ses séances. Laforgue lui apporte alors un double soutien : il en baisse le prix et obtient de la princesse Marie Bonaparte une bourse d'études qui lui permet de payer sa psychanalyse en partie.

Soutenue et stimulée par son analyste, Françoise Dolto pratique ses premières cures en 1934, à son domicile, bien qu'elle ajoute alors : « J'ai été lancée dans la psychanalyse par mon psychanalyste. Ce que je voulais, c'était rester pédiatre, une pédiatre qui comprend la psychologie des enfants[1] » ; et ailleurs : « De mon analyse était né le désir d'être authentique, mais pas du tout de devenir moi-même psychanalyste. Je le suis devenue par... la demande sociale, si je puis dire. En commençant, je me suis occupée de quelques adultes crevant d'angoisse, envoyés par les psychiatres, dont les autres psychanalystes ne voulaient pas parce qu'ils ne travaillaient plus et ne pouvaient pas payer[2]. »

La cure avec Laforgue se termine le 12 mars 1937. Moins d'un an plus tard, le 20 juin 1938, Dolto entre à la Société psychanalytique de Paris au titre de membre adhérent. Le 11 juillet 1939, elle soutient sa thèse de médecine, *Psychanalyse et pédiatrie*, devient dès le lendemain membre titulaire de la SPP et ouvre son cabinet le 1er septembre.

L'essentiel des informations biographiques sur Françoise Dolto, qu'elle-même ou ses enfants ont rendues publiques, concerne les trente premières années de sa vie qui viennent d'être évoquées. À compter de cette date seule son histoire intellectuelle nous est connue pour l'instant. Il est troublant d'établir à ce titre un parallèle avec la lettre de rupture adressée à son père le 15 juin 1938 dans laquelle elle clôt la période « Marette » de sa vie par une analyse implacable de la pathologie maternelle et familiale[3] ; tout se passe comme si Françoise Dolto refermait sa vie à nos yeux comme elle le fit alors à l'égard de ses parents. Elle nous avait conviés à l'accompagner dans les épreuves des années de formation, à partager ses crises, leur dépassement, mais elle s'est refusée

1. 1986 *d*, p. 64.
2. 1985 *a*, p. 183.
3. *Cf.* 1991 *a*, p. 560-574.

de son vivant à aller plus loin, respectant alors cette autre sorte d'intimité qui se referme sur la période adulte de celle qui va devenir praticienne, épouse et mère.

En 1941, alors qu'elle vient de commencer ses consultations à l'hôpital Trousseau, elle fait la connaissance de son futur mari, Boris Dolto, qui, ayant découvert la thèse de médecine avant de connaître la femme, lui avait adressé un enfant en traitement. Immigré russe de Crimée, il était kinésithérapeute et avait fondé une école de kinésithérapie.

Françoise Marette et Boris Dolto se marièrent le 7 février 1942 et ne se séparèrent jamais. Ils eurent trois enfants : Jean, mieux connu sous le pseudonyme de Carlos, Grégoire et Catherine. Cette dernière, médecin elle aussi, se consacre aujourd'hui à l'haptonomie.

Boris Dolto décède en juillet 1981. À nouveau seule, comme elle le fut jusqu'à sa rencontre avec Boris, Françoise Dolto se confie dans un dernier écrit autobiographique. Mais le livre qu'elle rédige, et qu'elle intitule sobrement *Solitude*[1], ne contient ni anecdotes ni récit. Françoise Dolto nous fait simplement partager sa méditation en donnant toute sa place à la psychanalyste qu'elle est devenue.

Françoise Dolto décède dans son appartement parisien le 25 août 1988, à l'âge de soixante-dix-neuf ans. Elle souffrait depuis plus d'un an de graves troubles pulmonaires qui la contraignaient dans les derniers mois à inhaler de l'oxygène vingt-quatre heures sur vingt-quatre. Peu avant de mourir, elle se disait à la fois triste de quitter sa famille et ses amis, et curieuse de cet au-delà du corps qui l'attendait, ce dont elle avait l'absolue conviction : « Je crois aussi que, le moment venu où plus rien au monde des apparences et des signifiances langagières ne leurre plus ce désir, il est alors prêt à lâcher ses dernières amarres au relatif des semblances et des dissemblances, du nombre et des différences [...]. Je crois que le moment de ma mort sera aussi celui où ce que je connais de plus essentiel de mon désir, ce qu'est la vie, et pas seulement ce qu'est une vie, fût-ce la mienne, révélera le sens[2]. »

1. 1986 *c*.
2. 1986 *c*, p. 474-475.

Une manière d'être

Jusqu'à la fin de sa vie Françoise Dolto sera restée « atypique », comme elle aimait à le dire. Enfant, elle en avait souffert ; adulte, elle en tire une sorte de philosophie légère et amusée que rien ne semble pouvoir entamer. Elle a ainsi ces mots étonnants dans les derniers jours de sa vie après qu'elle a failli mourir à la suite de la défaillance d'une bouteille d'oxygène : cela avait été une « mort pour rire ». Une réflexion qui en dit long sur la sérénité profonde de Françoise Dolto. Dans un article du *Monde* qu'il lui consacre en septembre 1988, Bruno Frappat se souvient de sa « fraîcheur tonique », de cette « vraie force tranquille qui irradiait et pouvait paralyser de béatitude ceux qui l'approchaient ». Elle était « légère à vivre », nous dit sa fille Catherine. Françoise Dolto pouvait arriver à de sérieuses réunions de psychanalystes les bras chargés des fleurs qu'elle venait d'acheter au marché. Elle restait joyeuse et spontanée en toutes circonstances. François Peraldi se souvient par exemple de son passage à Montréal en 1983. À l'occasion d'un colloque ils s'étaient trouvés tous deux assis à la même table, tassés l'un contre l'autre face à un auditoire d'analystes, et Dolto s'était alors penchée vers lui pour murmurer dans un sourire : « On est tout contre ! » Fernand Oury se souvient lui aussi d'une conférence en 1969. Devant une salle pleine, Dolto est obligée faute de place d'escalader une table, s'exposant alors aux regards dans cette opération. Parvenue enfin à se mettre debout, elle lance : « Ce n'est pas la peine que je me présente. C'est déjà fait. Vous m'avez vue sous toutes mes faces ! » Sa volonté de ne pas se prendre au sérieux soulignait son élégance à dire l'essentiel sans solennité ni pesanteur, comme peu avant sa mort encore, quand elle glisse ces mots à Catherine qui la conduisait près de son bureau : « C'est un joli bureau, il est gai, agréable, mais ce n'est plus le mien. »

Comme une enfant, Dolto se laissait toucher par le monde à chaque instant, simplement et sans *a priori*. Elle le reconnaissait d'ailleurs volontiers, elle avait « passé sa vie à s'étonner ». Non pas qu'elle fût naïve ou innocente ; « l'étonnement » surgissait seulement de l'écart entre son raisonnement « alogique et fantasmatique », selon ses termes, et celui de la plupart des gens. Le génie de Dolto fut que, à ces confins de la réalité commune où elle se tenait, elle ait pu entendre les histoires dessinées ou mimées que des enfants s'aliénaient à répéter. Dans ce décalage, dans cette perception anachronique des autres et du monde, elle a su puiser le « talent de saisir la moindre lueur de vie dans un regard absent », selon la belle formule d'Antoinette Descargues[1].

Dolto était toute ouverture, toujours attentive, humaine et chaleureuse. Ses dons artistiques lui permirent très tôt de donner une forme aux émotions et aux questions qui la débordaient. Enfant elle était violoniste, elle savait peindre et dessiner, au point de penser qu'elle aurait été céramiste si elle n'était pas devenue psychanalyste. Mais c'est la parole et l'écriture qui lui donnèrent les moyens les plus intenses de donner corps à son monde intérieur. Dolto écrivait avec une surprenante facilité dans un style fluide et rapide dont le rythme savait parfois devenir saccadé et percutant, bien qu'elle ne cherchât pas à avoir un « style ». Pourtant, si l'écriture lui servait d'abord à témoigner de sa pratique, de ses réflexions, de son quotidien de psychanalyste, elle lui avait permis aussi de donner un véritable vocabulaire au monde prélangagier qu'elle explorait. En émaillant ses textes de multiples néologismes, tels que « s'escargoter », « symboligène » ou « s'automaterner », Françoise Dolto paraissait tenter de saisir en poète la dynamique même du désir. Cette nécessité qui la tenait comme une véritable artiste s'exprime au plus haut degré dans son livre *Solitude* en 1981. À la fin de ce livre grave, elle nous offre la partition d'un quintette de Schubert comme s'il était trop douloureux de le clore sur un mot. Quand elle affirme en psychanalyste que souffrances et douleurs ne sont plus traumatiques si elles sont entendues, elle énonce ce que l'artiste a compris très tôt face à sa propre souffrance.

La préférence de Dolto pour « l'éprouvé » contre les constructions abstraites a contribué à la formidable charge d'humanité qui a rendu son œuvre exceptionnelle au sein des écrits psychanalytiques. Dolto n'était pas engagée dans une quête narcissique vis-à-vis du savoir, elle voulait seulement comprendre et partager. D'une certaine façon Dolto s'est contentée, si l'on peut dire, de témoigner, ce qu'elle n'hésitait pas à rappeler à ceux qui venaient l'écouter en attente d'une révélation. Certes elle se savait en avance, peut-être même médiatrice d'une forme de sagesse, mais elle était

---

1. *In Le coq-héron*, 1989, n° 111-112, p. 27.

restée imperméable aux illusions du pouvoir et aux enjeux narcissiques. Elle défendait plutôt l'idée que chacun pouvait la suivre et l'accompagner, animée par une confiance sans limite non pas en la bonté foncière de l'homme, mais en sa valeur en tant que sujet.

Il ne saurait être question toutefois de réduire Françoise Dolto à un portrait tout de nuances et de pastel, et encore moins de l'enfermer dans une imagerie mièvre ou confite en vénération. Un des aspects les plus complexes de sa personnalité mérite d'être évoqué ici, ce qu'on pourrait désigner comme son singulier déni de l'agressivité. Dolto se disait en effet « infirme en suppositions agressives ». On serait tenté de la suivre si l'on ne retenait que son extraordinaire capacité de révéler toujours le positif de chaque situation et de chacun, ou son aptitude à entendre le point de vue des autres, si différent soit-il du sien. Pourtant il faut savoir que Dolto était capable d'être abrupte, intransigeante, catégorique. Au moment, par exemple, de la rupture avec Edmond, son fiancé, elle lui avait lancé : « Mais qu'est-ce que ça peut me foutre que vous écriviez tous les jours que vous m'aimez ? Moi, je m'emmerde ! C'est un mot que je ne devrais pas dire, mais nous nous embêtons[1] ! » Élisabeth Roudinesco souligne également ce trait de personnalité quand elle rapporte la première rencontre de Serge Leclaire avec Dolto. Alors qu'il était venu pour être soutenu, conseillé, il s'était entendu répondre brutalement : « L'attrait que vous éprouvez pour la culture et la mystique hindoues correspond à un caractère anal, de toute évidence, c'est très typique[2]. » On peut évoquer aussi la surprise de cet auditoire de psychanalystes quand, à propos d'un enfant ayant assisté à des tortures infligées à un autre enfant, Dolto avait suggéré qu'il rêvait peut-être lui-même d'en être l'objet[3]. En cette circonstance, qui de Dolto ou des psychanalystes refoulait-il le plus ses fantasmes agressifs ? On peut s'interroger par conséquent sur la fonction qu'avait pour Dolto le fait de se supposer ainsi « infirme en suppositions agressives ». S'il ne peut être question de trancher sur ce point, dans la mesure où ce serait reprendre l'analyse de Dolto, on peut en repérer au moins les effets. Dolto refusait ainsi toute polémique, c'était pour elle « du temps perdu » : « Après tout,

1. 1989 *a*, p. 209.
2. *In* Roudinesco, 1986, p. 293.
3. Halmos C., *in* Aubry J., 1988, p. 104.

vous avez peut-être raison. Moi, je n'ai pas de temps à perdre puisque je ne vois rien d'intéressant dans ce que vous dites[1]. » Elle refusait toute relation à l'autre qui repose sur la violence, y compris celle que pourrait susciter la jalousie amoureuse. D'une certaine manière, la problématique de Dolto vis-à-vis de l'agressivité paraissait se résoudre en une sorte de réalisme sans concession, comme si elle renvoyait la réalité de la violence du côté de l'épreuve de la réalité. Dolto le confie à plusieurs reprises à Alain Mannier dans son autoportrait : pour elle les faits sont les faits. Il est tout à fait fascinant aussi de lire des extraits de ses carnets : tout est noté, au jour le jour, sans hiérarchie, et Dolto écrit par exemple sur un ton égal qu'il neige et que son père la hait. Dans la même veine elle ajoute ailleurs que « le passé est le passé ». Catherine confirme cet aspect de la personnalité de sa mère : lorsqu'une page était tournée, elle l'était définitivement et sans recours. La réalité, ou plus exactement le réalisme, semblait avoir pour Dolto une valeur quasi ordalique. Si violence il y avait, c'était celle de l'épreuve des faits et de leur inscription dans le langage : « Le langage de vérité est salvateur mais terrible, car il faut s'accepter tel qu'on est avec humilité ; on va à ce qui nous est essentiel mais sans être fier de soi[2]. » Dolto met surtout son implacable rigueur au service de l'éthique du sujet, et elle refuse le « pathos » imaginaire, qu'elle oppose aux rigueurs des lois de l'inconscient : « Ce n'est pas le "gentil" qui structure l'inconscient, mais une référence à partir de laquelle le sujet se construit[3]. » Était-ce de cette « monstruosité » que voulait parler sa mère ? Était-ce de ce regard sans concession ?

Paradoxalement, et quoi qu'il en soit de son « réalisme », Dolto s'était préservé un monde imaginaire foisonnant. L'évoquer en ces termes, c'est d'ailleurs un peu le trahir. La familiarité de Dolto avec le monde de l'invisible était si grande qu'il n'est pas excessif d'employer ici les termes de chamanisme ou d'animisme. Ainsi que le reconnaît avec réticence Claude Halmos, il y avait parfois quelque chose de magique dans la façon dont Dolto décryptait une histoire : « [...] force est de constater que l'auditeur a souvent l'impression d'écouter une voyante[4]. » C'était même devenu une bou-

1. 1989 *a*, p. 19.
2. 1985 *a*, p. 183.
3. 1987 *d*, p. 25.
4. *In* Aubry J., 1988, p. 83.

tade : il suffirait de « montrer à Dolto » le dessin d'un enfant pour qu'elle vous dise le prénom de son grand-père ! La manière dont elle énonçait certaines interprétations confortait encore sa réputation de pythie. Dolto s'écrie par exemple, à la fin d'une séance avec un enfant : « Voilà, il est guéri[1] », sans plus d'explications. Chaque analyste qui a travaillé avec elle a sa collection d'interprétations fulgurantes et inattendues. Claude Halmos rapporte celle des « mains en robinet ». Au cours d'une séance de contrôle avec Dolto, elle lui expose ses difficultés dans la cure d'une enfant. Quelque chose lui paraissait se dérober. Françoise Dolto regarde les dessins de cette enfant dont elle entend parler pour la première fois et s'écrie : « Elle couche avec son frère[2]. » Et d'ajouter « qu'elle a pensé à cela, car les mains des personnages du dessin étaient "en robinet" »... ce qu'elle avait rencontré dans un cas semblable. Si cet exemple ne peut suffire à accréditer la thèse de ses dons parapsychologiques, il souligne en revanche son extrême sensibilité aux causalités paralogiques, ou plus exactement prélogiques et préverbales.

Ce que Dolto appelait « sa relation à l'invisible », et qui soutenait peut-être en partie ses interprétations, s'exprimait sans retenue dans sa conviction d'être entourée, accompagnée, d'êtres invisibles : « Je ne suis pas curieuse du tout de parapsychologie, mais je vis avec des gens invisibles autant que visibles. Et certaines fois je me dis : je ne sais pas du tout qui sont ceux-là qui m'entourent mais ils ne sont pas mauvais, ils ne me veulent pas de mal. Mais qu'est-ce qu'ils viennent faire autour de moi ? Et puis ça passe. C'était juste un petit moment où j'étais entourée, comme ça, de tas de choses un peu embrouillaminées[3]. » Elle ajoute ailleurs qu'à l'occasion de séances qui la bouleversent c'est à ces *invisibles* qu'elle confie ses patients après leur départ : « Maintenant, c'est l'affaire des invisibles : occupez-vous de lui parce que moi je m'occupe de quelqu'un d'autre. Et je ne suis pas préoccupée par les patients, jamais ! Parce que j'ai chargé un monde invisible de les prendre en charge. Avec leur méthode à eux. Moi, je n'ai que la mienne, ma salade : je ne peux pas faire autre chose[4]... » On se souvient que dans son enfance cette

1. 1989 *a*, p. 189.
2. *In* Aubry J., 1988, p. 86.
3. 1989 *a*, p. 225.
4. 1989 *a*, p. 226.

présence invisible était celui qu'elle appelait son bon ange gardien, et à vrai dire Françoise Dolto ne s'était jamais séparée totalement de ce compagnon imaginaire.

On reconnaît ici cette part d'enfance que Dolto s'était préservée, sa perception « alogique et fantasmatique » du monde ; on retrouve aussi son rapport privilégié à l'art. On peut encore y percevoir un aspect de la singulière relation de Dolto à la réalité commune : quoiqu'elle affirme que « les faits sont les faits », elle dit ailleurs que la réalité c'est d'abord « un imaginaire commun à tous[1] ». C'est ce qui a fortement contribué à ce que certains la traitent de « folle », de « sorcière », ses pairs allant jusqu'à l'accuser d'être plus « guru » que psychanalyste. Mais ce qui vaut comme injure dans nos cultures occidentales irait à son crédit dans d'autres. Il est tentant à ce titre de rapprocher le personnage de Françoise Dolto de celui des chamans de certaines sociétés. Comme eux il lui a d'abord fallu traverser l'épreuve de sa propre folie, comme eux elle conduisait des thérapies en public, comme eux aussi elle était plutôt en place de médiatrice que de maître du savoir, comme eux enfin elle n'a pas fait école au sens académique, mais a voulu seulement stimuler ceux qui étaient prêts à entendre une autre parole. Il y a dans ce rapprochement peut-être plus qu'une simple analogie, même s'il faut ajouter que Dolto ne l'a jamais repris à son compte. La dimension quelquefois « paranormale » de la pensée de Françoise Dolto ne lui faisait toutefois rien perdre de l'essence de la psychanalyse. Elle lui offrait au contraire de fabuleux moyens pour restituer une interprétation à un enfant. À partir de ce qu'elle entendait de son histoire, Dolto savait construire une autre histoire, à la fois vraie pour l'inconscient, et merveilleuse ; elle savait retrouver dans chaque histoire la trace du conte et du mythe autant que celle de la structure de l'inconscient.

« Atypique » dans le milieu psychanalytique, Françoise Dolto le fut certainement. Mais c'est peut-être seulement par manque d'une pensée qui saurait tenir en même temps le bout de la science et celui de l'esprit qu'on lui donne par défaut ce qualificatif. Certains psychanalystes se sont risqués sur les voies « parapsychanalytiques » qu'elle avait ouvertes, à l'instar de certains physiciens et scientifiques dans leur domaine propre. Peut-on se contenter de

1. 1989 *a*, p. 168.

parler d'une nouvelle « crise occultiste » ? Peut-on s'arrêter à en dénoncer par avance les dérives, celles qui nourrissent *new age* ou les pathétiques recherches de spiritualité et de maître ? Lacan, qui a justement posé les conditions d'une pensée qui ne soit pas folle, n'a jamais jeté l'anathème sur Dolto. Il a mis en cause tel ou tel de ses concepts, mais sans jamais les exclure du champ de la psychanalyse tel qu'il tentait lui-même de le baliser, bien conscient peut-être que les arguments qu'il aurait pu avancer s'appliqueraient tout autant à lui. En fait il y a probablement beaucoup à gagner à ne pas se contenter de tenir pour anecdotiques les aspects « parapsychanalytiques » de l'œuvre de Dolto. Certes le terrain est miné, certes les travaux allant dans ce sens n'ont pas produit à ce jour une synthèse satisfaisante. Mais quel thérapeute ne réserve pas, à son corps défendant souvent, une petite place dans sa pratique quotidienne à des « phénomènes » qu'il ne saurait rationaliser ? Lacan nous a offert un cadrage théorique rigoureux qui peut valoir comme garantie contre une dérive folle, perverse ou délirante ; à l'intérieur de ces repères Dolto nous a peut-être ouvert le chemin d'une pensée capable d'assimiler des perceptions et des modes de connaissance relégués aujourd'hui dans les musées d'ethnographie ou les hôpitaux psychiatriques. Le parcours personnel et psychanalytique de Françoise Dolto peut nous inciter à ne pas craindre, mais au contraire à nous risquer à ces limites extrêmes de la psychanalyse en sa forme actuelle, le message qu'elle a peut-être voulu laisser en épitaphe sur sa tombe : « N'ayez pas peur. »

2

POUR UNE PSYCHANALYSE DU SUJET

Françoise Dolto est de ces figures dont la vie épouse au plus près l'histoire collective, en l'espèce celle du mouvement psychanalytique français. Dolto reçoit son enseignement des fondateurs de l'école française de psychanalyse, elle développe sa pratique au côté des plus grands et elle termine sa carrière peu avant que l'école qu'elle a contribué à fonder ne se saborde. Elle a participé, et de façon éminente, aux temps forts de ce qu'Élisabeth Roudinesco a surnommé « la bataille de cent ans » : l'histoire de la psychanalyse en France.

Les années de formation : 1934-1939

Quand Françoise Dolto entame sa cure psychanalytique avec Laforgue le 17 février 1934, la psychanalyse ne s'est implantée en France que quelques années auparavant. Les premières traductions de Freud datent de 1921, et la première société de psychanalyse, la Société psychanalytique de Paris, a huit ans d'existence. Le 4 novembre 1926, douze psychanalystes s'étaient réunis pour créer cette première société française de psychanalyse : Marie Bonaparte, Eugénie Sokolnicka, le professeur Hesnard, les docteurs Allendy, Borel, Laforgue, Loewenstein, Pichon et Parcheminay, Raymond de Saussure, Charles Odier et Henri Codet. Deux d'entre ceux qu'on appellera plus tard les psychanalystes de la première génération marqueront tout particulièrement les débuts de la carrière de Dolto : René Laforgue, bien sûr, et Édouard Pichon, qui sera son directeur de thèse de doctorat.

René Laforgue (1894-1962), psychanalyste d'origine alsacienne, a la paternité de la première consultation psychanalytique hospitalière française, dans le service de chirurgie (!) du Pr Gosset, peu après la Première Guerre mondiale. On lui reconnaît le rôle de chef de file de l'école psychanalytique française à sa fondation en 1926. Quelques années plus tôt il avait déjà fondé le groupe de l'Évolution psychiatrique. Analysé par Eugénie Sokolnicka, il devient l'analyste de quelques figures marquantes de la deuxième génération : André Berge, Juliette Favez-Boutonnier, Blanche Reverchon-Jouve. On a déjà évoqué certains des rares commentaires de Dolto sur son analyse avec Laforgue ; ajoutons ici son sentiment de reconnaissance à son égard pour « n'avoir pas voulu la normaliser ». Elle pensait devoir à Laforgue cette liberté et cette inventivité qu'elle a développées dans les cures avec les enfants. Laforgue a laissé peu de travaux théoriques déterminants. Il semble néanmoins avoir très tôt sensibilisé Dolto aux effets pathogènes des névroses familiales ; il fut en effet un des premiers analystes français à s'être consacrés à l'étude des effets d'une dynamique familiale perturbée sur la névrose de ses patients et avait abordé cette question peu avant que Lacan ne publie en 1938 son texte sur la famille. Dolto le rappelle dans un entretien avec Élisabeth Roudinesco : « Déjà Laforgue et Leuba avaient fait un rapport sur les familles de névrosés au congrès de Nyon où j'avais été invitée [...]. Laforgue avait parlé de la névrose familiale, et ça avait été un tollé épouvantable parmi les psychanalystes. [...] Or la névrose familiale, c'est une forme de structure. Laforgue et Leuba l'avaient compris en établissant des relations entre des parents obsessionnels et des enfants phobiques. Cela m'avait beaucoup intéressée : surtout de voir que, lorsqu'un enfant allait mieux, c'était l'état de sa mère qui s'aggravait. La mère venait pour que son enfant soit aidé, elle était consciemment heureuse qu'il soit aidé, en même temps elle devenait impossible à vivre pour son enfant. J'avais très vite compris qu'il ne fallait pas penser que cette mère était mauvaise et qu'on devait s'en débarrasser, mais qu'au contraire il fallait travailler avec la mère pour que l'enfant puisse être déculpabilisé de guérir[1]. »

Mais il existe entre Laforgue et Dolto un autre lien, plus pro-

---

1. 1988 *i*, p. 21.

fond, plus secret, leur engagement spirituel commun. Laforgue était en effet très soucieux des relations entre psychanalyse et religion et s'interrogeait sur leur conflit possible. C'est même ce qui aurait provoqué sa rupture avec Freud lors de la parution de *L'avenir d'une illusion* à la fin des années vingt. En fait la position de Laforgue sur cette question était ambiguë. À partir de ses lettres à Freud, publiées par Pierre Benoit en 1989, il est difficile de trancher sur le fait de savoir s'il souhaitait ou redoutait que la psychanalyse ne vienne « substituer à la notion de Dieu un pôle qui rende l'homme capable [...] de développer cette aptitude psychique complexe au transfert sur la société[1] ». Quoi qu'il en soit, Françoise Dolto reprendra à son compte une partie des questions de Laforgue ; elle dira même que c'est l'expérience de sa propre analyse qui lui a donné foi en Dieu. De celui qui fut son premier maître, Dolto aura reçu à la fois l'initiation à la psychanalyse et l'expérience de la spiritualité.

Édouard Pichon (1890-1940) est l'autre figure tutélaire des années de formation de Dolto. Gendre de Pierre Janet, grand ami de Laforgue, c'est un aristocrate, royaliste, intransigeant, animé par le projet de « franciser » la psychanalyse. Psychanalyste, pédiatre de formation, il est en outre un linguiste éminent. Il s'engagea ainsi de façon radicale dans les débats qui agitèrent la SPP sur la question de l'établissement d'un vocabulaire français de la psychanalyse. Dolto doit peut-être à Pichon d'avoir stimulé son goût pour la langue et les mots. Il est certain en tout cas que c'est à lui qu'elle emprunte le terme d'« aimance » pour le titre d'un de ses premiers articles, « Aimance et amour ».

Pichon reconnaît très tôt les qualités de Dolto, puisqu'il lui confie en 1938, au côté d'Odette Codet, sa première consultation à l'hôpital Bretonneau. Elle en extraira le matériel de sa thèse, soutenue sous sa direction en 1939, *Psychanalyse et pédiatrie : le complexe de castration, étude générale, cas cliniques*.

Si Pichon et surtout Laforgue soutiennent Dolto dans sa vocation de psychanalyste, elle dispose en revanche de peu de références théoriques ou techniques pour ce qui concerne la pratique avec les enfants.

Eugénie Sokolnicka avait déjà présenté des comptes rendus de

1. Benoit P., *in Le coq-héron*, 1989, n° 11-112, p. 32.

cures avec des enfants, mais elle se suicide en 1934, et Dolto ne la connaîtra pas. Eugénie Sokolnicka avait été l'analyste de Laforgue, de Pichon et d'un troisième personnage proche de Dolto, Sophie Morgenstern. Dolto rencontre cette dernière au cours de son stage d'externat dans le service de psychiatrie infantile du Pr Heuyer en 1936. Elle dira souvent avoir appris auprès d'elle la manière d'entrer en relation par le dessin avec les enfants. Sophie Morgenstern qui supervisa les premières psychothérapies de Dolto se suicida au moment de l'entrée des Allemands à Paris, le 13 juin 1940.

Au début de sa pratique avec des enfants, Dolto a donc peu de maîtres pour l'enseigner et ne peut s'appuyer que sur un maigre corpus théorique de psychanalyse d'enfants. Dolto s'essaie pourtant à une lecture personnelle de ces textes de référence, et en particulier du cas du petit Hans qui fut le seul enfant dont Freud s'occupa (« Analyse d'une phobie chez un petit garçon de cinq ans » in *Cinq psychanalyses*) : « [...] déjà à ce moment, j'avais compris que Freud se trompait et qu'il faisait d'une histoire urétrale une histoire œdipienne dans le cas du petit Hans. Ce n'était pas encore œdipien, c'était préœdipien, c'était une histoire urétrale : la différence était dans le "faire-pipi" ou pas, mais pas dans la différence des sexes. Jamais le petit Hans ne désire sa mère pour prendre la place du père. La mère n'aimait pas son mari ; pour l'enfant, il n'y avait donc pas à rivaliser du tout ; le père était écrasé de travail pour apporter de l'argent à sa femme et n'avait aucune satisfaction émotionnelle ou érotique avec elle. Et puis Freud parlait au père, et pas directement à l'enfant[1]. » S'il arrive à Dolto de citer Freud, elle ne fait en revanche jamais référence ni aux travaux d'Anna Freud ni à ceux de Melanie Klein, que ce soit à cette époque des débuts ou plus tard dans son œuvre. La seconde n'apparaît que par allusions et toujours pour souligner les limites de ses conceptions. À la décharge de Dolto, on peut rappeler que les travaux de Melanie Klein ne seront bien connus en France qu'à partir des années soixante, mais ce serait prendre l'effet pour la cause de justifier ainsi les réserves de Dolto à l'égard de Melanie Klein. Elle rapporte ainsi leur rencontre en 1936 chez la princesse Marie Bonaparte : « [...] mais je me suis dit : "Ce n'est pas de la psycha-

1. 1988 *i*, p. 14.

nalyse, ce qu'elle fait, c'est de la psychothérapie de soutien du narcissisme ; elle soutient le narcissisme, il n'y a qu'à être près d'elle pour sentir qu'elle a une théorie dans la tête." [...] et je voyais qu'elle avait cette idée qu'il fallait qu'à huit mois un enfant passe par la phase anaclitique, il fallait qu'il ait une bonne mère ou une mauvaise mère ; tout ça me semblait artificiel : la mère n'est ni bonne ni mauvaise, elle est une mère pour l'oral, puis pour l'anal, à prendre et à rejeter[1]. »

Le 11 juillet 1939, quand Françoise Dolto soutient la thèse de médecine, consacrée à des psychothérapies psychanalytiques avec des enfants, qu'elle a rédigée sous la direction de Pichon, elle n'a par conséquent comme références que l'œuvre de Freud, l'enseignement de Sophie Morgenstern et sa propre expérience. Il faut souligner que ce premier travail est dédié aux pédiatres plutôt qu'aux analystes ; ainsi dès ses « premiers pas » Françoise Dolto s'engage dans une œuvre de diffusion des découvertes psychanalytiques vers ceux qui sont à l'époque les plus au contact d'enfants en souffrance.

Dolto fonde son travail de thèse sur trois points :

– les conflits affectifs peuvent entraîner des troubles graves de la santé du corps,

– un travail psychothérapique fondé sur les connaissances psychanalytiques peut les guérir,

– il est donc nécessaire aux médecins d'en connaître les théories de base : « De même que pour conduire l'anamnèse d'un cas somatique il faut prévoir ce qu'on cherche, [...] de même, pour l'étude du comportement, il faut connaître le fonctionnement général du psychisme[2]. »

La thèse, qui sera immédiatement publiée à compte d'auteur, bénéficie d'une préface de Pichon exemplaire du statut de la psychanalyse à cette époque : « Mon excellente collaboratrice de l'hôpital Bretonneau, Mlle Françoise Marette, me fait l'honneur de me demander une préface pour ce travail inaugural [...]. Ce m'est un plaisir d'obtempérer à cette demande, et de présenter à nos confrères une étude tout à fait propre à les convaincre de la légitimité scientifique et de l'efficacité clinique des méthodes qui n'ont pas encore conquis la place qu'elles devraient avoir dans la neuropsychiatrie.

1. 1988 *i*, p. 13.
2. 1939, p. 11.

Versé moi-même dans l'art du psychanalyste, et l'exerçant depuis bientôt quinze ans, je ne pense pas qu'on puisse, à l'heure actuelle, se débrouiller au mieux dans les difficultés de la psychothérapie si l'on n'a pas une solide formation de ce genre [...].

Dans les observations que [Mlle Marette] recueillait à l'hôpital Bretonneau et dans la marche des si remarquables guérisons qu'elle obtenait par ses psychothérapies d'inspiration psychanalytique, elle remarqua bientôt l'extrême importance de ce complexe de castration, décrit par l'école clinique, dont M. Freud est l'admirable maître. [...]

Tel que Mlle Marette l'a réalisé, [ce travail] doit atteindre son but. Il ne me semble pas qu'aucun médecin de bonne foi, ayant considéré attentivement les faits qu'apporte ici Mlle Marette, puisse encore douter de la réalité du processus psychologique qu'ils décèlent[1]. »

Ce travail inaugural ne connaîtra une large diffusion qu'en 1971 – une parution qui marquera le début de la notoriété de Dolto. Dans une première partie Dolto expose de façon claire et brillante les concepts fondamentaux de la psychanalyse, en particulier les différents stades du développement des « instincts » de l'enfant. Cette synthèse reste dans ses grandes lignes tout à fait accessible à qui souhaiterait s'initier aux théories freudiennes. Mais Dolto va plus loin et pose déjà les bases de la théorie des castrations qu'elle développera bien plus tard. Elle tend en effet à détacher la notion de castration de sa référence exclusive au stade génital œdipien et met l'accent sur le processus de sublimation qu'elle déclenche, lui donnant ainsi une valeur plus générale : « Castration, au sens psychanalytique, signifie alors "frustration de possibilités hédoniques" ; frustration de possibilités de recherche du plaisir. Nous verrons que l'hédonisme n'est pas centré sur les mêmes zones corporelles aux différents stades du développement[2]. » Dolto souligne en outre qu'à chaque stade l'adulte a pour tâche de « désintéresser le moi [de l'enfant] de la pulsion pour que les affects qui y sont liés puissent être utilisés à des fins substitutives d'intérêt social[3]. » La

1. Préface à l'édition de 1939, Amédée Legrand, Paris.
2. 1939, p. 18.
3. 1939, p. 63.

réunion de ces deux idées constitue ni plus ni moins que la base de sa future notion de « castration symboligène ».

Dans la partie clinique, en préambule à l'exposé de seize cas d'enfants souffrant d'angoisses névrotiques, Françoise Dolto discute et présente sa méthode. Elle tente d'abord de dégager la psychothérapie analytique de l'assimilation à une technique de suggestion. Ce débat, en effet, était encore vivace à l'époque[1]. Dolto se pose également la question de l'impact éducatif du psychanalyste. Tout en insistant sur le fait qu'un thérapeute doit à son avis se défendre de toute volonté moralisatrice ou éducative, elle convient que, dans le type de travail qu'elle évoque dans sa thèse, il a « qu'il le veuille ou non une action éducative[2] ». Une affirmation qu'elle tempère par la conviction qu'un thérapeute « analysé en profondeur » s'approchera plus qu'un autre d'un idéal d'objectivité.

Quand Dolto expose les modalités techniques de ses thérapies psychanalytiques, on trouve là aussi les germes de sa pratique ultérieure. Elle a déjà recours au dessin comme médiateur entre elle et l'enfant : « Par le dessin, en effet, nous entrons dans le vif des représentations imaginatives du sujet, de son affectivité, de son comportement et de son symbolisme. Celui-ci nous sert, après que nous l'avons tacitement compris, pour l'orientation des “conversations” avec l'enfant, pour élucider le sens de ses représentations quand elles sont aberrantes[3]. » Dolto insiste aussi sur son attention aux gestes, aux mimiques et aux expressions spontanées de l'enfant et donne quelques indications sur sa façon de dialoguer avec lui : « Nous nous servons des mêmes mots que l'enfant. Quand il a employé un symbole ou une périphrase [...] nous adoptons ces mêmes symboles et ces mêmes périphrases dans les propos que nous tenons à l'enfant, mais en veillant à ce que l'état émotionnel qu'il y liait soit modifié[4]. » Dolto souligne enfin son attention aux effets pathogènes pour l'enfant d'un milieu familial perturbé : « Nous venons de prononcer le mot de “névrose familiale” ; en effet, nous rencontrons, dans 50 % des cas d'enfants névrosés, un comportement névrotique des parents ou de l'un des parents[5]. »

1. *Cf.* Cifali M., *in* Aubry J., 1988, p. 378.
2. 1939, p. 63.
3. 1939, p. 142.
4. 1939, p. 142.
5. 1939, p. 153.

Quant aux vignettes cliniques qui suivent, elles concernent des enfants présentant de petits troubles fonctionnels symptomatiques d'angoisses œdipiennes de castration.

S'il n'y avait les traces d'une certaine ambiguïté éducative et d'une certaine volonté normative, on pourrait affirmer sans réserve que Dolto a posé dès sa thèse toutes les bases de son système de pensée : références princeps au complexe de castration et surtout à l'importance des dessins, qui prennent d'emblée une valeur qui n'est pas seulement projective ; ils s'intègrent déjà totalement à la cure avec l'enfant et participent à l'établissement du transfert. Dans la semaine qui suit la publication de sa thèse, Françoise Dolto reçoit une lettre de Jean Rostand, qui l'invite à venir le rencontrer. Il avait été analysé par René Laforgue et connaissait tous les psychanalystes de l'époque. Dolto deviendra son amie et dira souvent avoir été beaucoup aidée par Jean Rostand dans l'avancée de son travail.

La praticienne : 1940-1978

Dolto continue à travailler à l'hôpital Bretonneau jusqu'à la mort de Pichon, en 1940. On l'invite alors à tenir une consultation psychanalytique à l'hôpital Trousseau, où elle conduit des psychanalyses d'enfants en présence d'un public d'une dizaine de médecins et analystes en formation, une situation singulière dont elle extraira l'essentiel des cas cliniques de ses séminaires. On peut ici en rapporter deux témoignages. Celui de Maud Mannoni d'abord, dans son article « Quarante ans d'une parole » consacré à Françoise Dolto : « L'enseignement de Trousseau [...] a résidé surtout dans la façon dont les membres de l'assistance étaient introduits dans l'aire d'intimité que Françoise Dolto réussissait à créer entre le patient, sa famille et elle [...]. Françoise Dolto restait étonnamment présente et n'hésitait pas à prendre des notes pendant la séance, participant ainsi au mouvement de l'analyse du patient. Ce qu'elle mettait en place, c'est une aire de sécurité, à partir de laquelle le patient pouvait faire surgir sa vérité[1]. » L'autre témoignage est celui de Bernard This qui, en tant que « spectateur » et

1. Mannoni M., 1982, p. 170-171.

secrétaire de ces consultations, interroge plus brutalement et plus personnellement Dolto sur cette sorte de « voyeurisme » provoqué par la situation : « Aurais-tu osé nous introduire à ta consultation, comme témoins de ton travail, ou comme secrétaire [...] si tu n'avais pas, enfant, jeté un regard en ces "lieux de plaisir" où les humains se rencontraient pour te montrer que la jouissance n'implique pas l'existence d'un rapport sexuel qui fasse UN[1] ? » Par cette allusion à l'hôtel où la conduisait sa nurse irlandaise, Bernard This n'est pas loin d'insinuer que c'est quasiment la scène primitive que Dolto invite des analystes à regarder. Scène primitive en tout cas de la psychanalyse d'enfants telle qu'elle s'engendre pour Dolto devant un public en blouse blanche coparticipant muet de la cure.

Parallèlement à son activité à Trousseau, Dolto, qui est maintenant membre titulaire de la SPP, est invitée à travailler au premier CMPP du lycée Claude-Bernard, ouvert par Berge, Mauco et Juliette Favez-Boutonnier. Elle y reste jusqu'au début des années cinquante, puis va travailler à la polyclinique Ney dans le service de Jenny Aubry, qui dira plus tard à propos de cette collaboration : « Mon désir était donc d'introduire la psychanalyse dans les hôpitaux grâce au pouvoir attribué aux médecins des hôpitaux, alors que le désir de Françoise était de faire des analyses [...]. Ma démarche n'est donc pas parallèle à celle de Françoise, elle est différente [...]. Je dirais qu'elle était la pure psychanalyste, souvent géniale dans son écoute de l'inconscient, et que moi je suis plutôt un tâcheron [...]. Et certainement le problème de l'archaïque est tout à fait dominant dans une psychanalyse. Peut-être même, dirais-je, sans que Françoise le formule ainsi, que manifestement elle entend l'archaïque[2]. »

En 1953, Dolto participe de façon déterminante à ce qu'on appellera plus tard « la première scission », première grande crise traversée par l'école psychanalytique française, vingt-sept ans après sa création. La crise couvait depuis longtemps à la SPP, et les sujets de conflits se multipliaient : révolte des « jeunes » contre la direction de Nacht, jugée trop autoritaire et orthodoxe et surtout trop complaisante à l'égard du courant analytique adaptatif américain,

1. This, 1988, p. 13.
2. Entretien avec J. Aubry, réalisé par M. Cifali en 1986, *in* Aubry J., 1988, p. 43-52.

mise à l'écart de Lacan tant pour ses conceptions théoriques et sa personnalité que pour la question des séances courtes. Dolto, qui n'était pas directement impliquée dans ces conflits, rejoint néanmoins les élèves dans leurs critiques en compagnie de Juliette Favez-Boutonnier et Daniel Lagache. C'est à l'occasion d'une réunion particulièrement houleuse que le 16 juin 1953 tous trois démissionnent ; Blanche Reverchon-Jouve les rejoint. Lacan, à qui on vient de retirer ses fonctions de direction d'une institution interne à la SPP, l'Institut de psychanalyse, se rallie à eux. Daniel Lagache avait déjà préparé les statuts d'une nouvelle société : la Société française de psychanalyse. Dans le communiqué officiel qui annonce sa fondation deux jours plus tard, on retrouve des préoccupations éthiques que Dolto ne pouvait qu'approuver : « Nous combattons pour la liberté de la science et pour l'humanisme. L'humanisme est sans force s'il n'est pas militant[1]. »

Les premières assises de la SFP se tiennent à Rome dès septembre 1953. Lacan présente un rapport programmatique, « Fonction et champ de la parole et du langage en psychanalyse[2] », Françoise Dolto un texte sur « La cure psychanalytique à l'aide de la poupée-fleur[3] ». Alors que Lacan s'attache à explorer un ordre symbolique abstrait, Dolto invente un médiateur symbolique, la poupée-fleur, dans une mise en résonance clinique des théories lacaniennes. Cette conférence marque le véritable début de la communauté de recherche entre Dolto et Lacan. Entre Françoise Dolto et Jacques Lacan il y aura à vrai dire plus complicité, complémentarité, que véritable travail en commun. Dolto dira toujours qu'elle ne comprend que la moitié de ce que dit Lacan, sans qu'à l'évidence on puisse la croire vraiment. Elle reconnaîtra par ailleurs avoir trouvé les personnes les plus aptes à travailler avec des enfants parmi les analysants de Lacan : « [...] La plupart des analysés de Lacan étaient capables de s'occuper d'enfants, et de cela je me réjouissais. Les analysés des autres ne saisissaient rien de ce qui est antérieur à l'œdipe[4]. » De son côté, Lacan semble avoir toujours accepté cette distance et cette indépendance, et il n'hésitera jamais à faire appel au sens clinique de Dolto. Malgré la distance

1. *In* Roudinesco É., 1986, p. 263.
2. Lacan J., 1966, p. 237-322.
3. 1981 *k*, p. 133-193.
4. 1988 *i*, p. 25.

relative entre ces deux personnages centraux de la psychanalyse, certains souhaiteront en 1980 que Dolto reprenne le flambeau abandonné par Lacan lors du naufrage de leur école de psychanalyse, ce qu'elle refusera.

Mais avant d'en arriver à cette ultime crise, il faut revenir sur les difficultés qui entourent la naissance de la Société française de psychanalyse. Le problème se pose en effet de son affiliation à l'International Psychoanalytic Association (IPA), à savoir rien moins que celui de sa légitimité au sein du mouvement fondé par Freud. Une commission d'enquête est nommée par l'IPA, dont le président, Winnicott, se charge de questionner Dolto. Winnicott reconnaît la validité de son travail, mais il ajoute toutefois que « en premier lieu, les patients et les élèves font sur Dolto un "transfert sauvage" et donc nocif ; ensuite, elle a trop d'intuition et pas assez de méthode pour être didacticienne ; enfin elle doit se tenir à l'écart des jeunes pour ne pas les influencer ». Élisabeth Roudinesco a des mots très sévères pour lui, considérant qu'il préfère alors « refuser le charisme des chefs au profit de la technique des artisans [1] ». L'affiliation est refusée un an après. Quelques années plus tard, Dolto est à nouveau mise en cause quand l'IPA, à l'occasion d'une nouvelle enquête menée par le Dr Turquet, un autre psychanalyste anglais, affirme « l'inexistence de la psychanalyse d'enfants à la SFP ». Dolto et Lacan sont liés dans l'esprit des enquêteurs de l'IPA, qui redoutent autant de l'une que de l'autre un mode de transmission des connaissances qu'ils qualifient d'initiatique.

En 1964, alors qu'elle n'est jamais parvenue à se faire reconnaître par l'IPA, c'est au tour de la SFP de traverser une crise. À l'instar de ce qui s'était produit en 1953, certains de ses membres quittent la SFP pour fonder une nouvelle société, l'Association psychanalytique de France, très vite affiliée à l'IPA. Ceux qui sont restés à la SFP, dont Dolto, accompagnent Lacan dans la création de l'École freudienne de Paris. Il s'agit de renouer alors avec la radicalité quasi révolutionnaire du freudisme des origines. En cela cette nouvelle société entre en écho avec le climat politique de l'époque.

Au sein de l'École freudienne, Dolto croise le courant antipsychiatrique, en particulier à l'occasion de Journées d'études sur les

1. Roudinesco É., 1988.

psychoses de l'enfant organisées à Paris en octobre 1967 à l'initiative de Maud Mannoni. Celle-ci voulait à cette occasion confronter les conceptions structuralistes des psychanalystes français à l'approche phénoménologique et antipsychiatrique de leurs collègues anglais. Au cours de ces Journées, Dolto présente pour la première fois une étude clinique qui deviendra célèbre, « Le cas Dominique[1] ». Sans adhérer aux positions extrémistes des antipsychiatres anglais présents, dont Laing et Cooper, Dolto reconnaît à Dominique le droit d'être « toqué », et parvient dans son étude à rassembler la référence à la pathogenèse familiale de la psychose de Dominique et une analyse implacable des jeux de signifiants. La publication de ce cas en 1971 en collection de poche, peu après celle de *Psychanalyse et pédiatrie*, marque le début de la diffusion de l'œuvre de Dolto.

Transmettre : 1978-1988

En 1978, alors qu'elle interrompt ses cures et ne reçoit plus que des analystes en supervision, Françoise Dolto se consacre alors totalement au projet qui a accompagné toute sa pratique, mais de façon latérale jusque-là, la prévention des troubles psychiques grâce à la psychanalyse. Elle fait de nombreuses conférences, publie la plupart des ouvrages qu'on connaît aujourd'hui et tente de donner des prolongements à ses réflexions sur l'enfant et l'éducation par une série d'émissions à la radio, et, en fondant un lieu original de socialisation précoce, la Maison verte, elle devient une psychanalyste dans la cité[2].

En janvier 1980, Lacan dissout l'École freudienne de Paris. Françoise Dolto s'était alors déjà démarquée des positions qu'il avait prises à l'intérieur de l'École, qu'elle trouvait trop dogmatiques et trop universitaires. Elle-même avait été vivement critiquée en retour à propos de ses interventions à la radio ainsi que pour ses préoccupations spirituelles, Charles Melman l'accusant alors de faire de la psychanalyse « une nouvelle Bonne Nouvelle »

---

1. Publiée quatre ans plus tard sous ce titre : 1971 *a*.
2. Cet aspect de l'œuvre de Dolto est développé dans la dernière partie de l'ouvrage, « Pour une société du sujet ».

et Jacques-Alain Miller dénonçant ses « lamentables bondieuseries ». Pourtant, quand l'EFP est dissoute, certains espèrent que Dolto prenne le relais, mais elle s'y refuse et rompt au contraire avec toute affiliation à une école.

Au terme de ce parcours de plus de quarante ans, quelques remarques s'imposent. Il faut d'abord noter qu'à part son inscription dans le courant lacanien Dolto s'est tenue à l'écart des autres courants de la psychanalyse d'enfants. À l'exception notoire de sa thèse, elle donne exceptionnellement les références bibliographiques qui permettraient de situer son travail par rapport à d'autres. On sait bien sûr qu'il a germé dans le terreau freudien, qu'il s'est nourri des apports lacaniens, mais il paraît se développer de façon totalement autonome. D'autres font référence à Dolto, mais elle-même ne nous renvoie qu'à sa propre expérience clinique. On a déjà noté qu'elle ignore superbement les travaux d'Anna Freud, ainsi que ceux de Melanie Klein et de leurs successeurs, une position singulière qui n'est pas sans faire écho au clivage toujours vivace entre les écoles psychanalytiques françaises : les tenants de Dolto étant plutôt lacaniens, ceux de Melanie Klein et d'Anna Freud étant plutôt liés à la SPP, la grande rupture de 1953 se pérennise pour des générations d'analystes.

La deuxième remarque est liée à ce que nous apprend l'histoire de la pratique de Dolto. Elle révèle son enracinement médical et indique la visée proprement curative de la pratique analytique de Dolto. Bien qu'il n'ait jamais été question pour elle de s'attacher au seul symptôme, elle n'a jamais mis en cause le principe que la psychanalyse devait avoir pour but la guérison.

Le dernier point qui doit être souligné, c'est qu'il ne s'est jamais constitué autour de Dolto l'école et l'appareil logistique dont Melanie Klein, par exemple, a pu bénéficier en Angleterre. Françoise Dolto a tenu dès 1964 un séminaire d'enseignement au sein de l'École freudienne, mais elle n'a jamais souhaité occuper une place de maître. Elle affirmait en effet ne pas tenir à « faire école », mais seulement à susciter la réflexion : « J'ai conscience qu'il y a des gens qui essayent de faire du Dolto. On me le dit et je le regrette. Je pense que cela va leur passer. Pour moi, je pense que j'ai stimulé des gens à s'intéresser à la clinique d'abord et à chercher comment elle illustre la théorie inventée par Freud. Mais je ne pense pas que j'aie des "élèves". Mes livres ont ouvert des adultes à l'existence de l'inconscient en tant que dynamique. C'est ce qu'avait fait Freud en son temps, non [1] ? » Une affirmation à ne pas réduire à une pirouette, mais à considérer au contraire comme fondatrice et organisatrice du parcours de Dolto, comme le point où les engagements les plus intimes d'une personne rejoignent sa pratique. Ce que l'on désigne par un terme dont l'actualité ne s'épuise jamais : l'éthique.

1. 1988 *i*, p. 33.

3

SUJET DE LA PSYCHANALYSE, SUJET DE LA SPIRITUALITÉ

La rencontre avec la psychanalyse a véritablement permis à Françoise Dolto de franchir le miroir ; elle a fait bien plus que d'y dépasser sa névrose, elle a rencontré en elle, et assumé, ce que désormais elle appelle le sujet. Sa cure a été à l'origine d'une véritable révélation, amorcée d'abord par la compréhension de ses « petites » histoires familiales, relayée par la fréquentation de l'œuvre lacanienne, et confirmée enfin par l'intuition de la nature spirituelle de ce qu'elle découvrait. Sa psychanalyse avec Laforgue a été une expérience doublement fondatrice pour Dolto, on l'a vu, fondatrice de sa pratique analytique et fondatrice de sa foi en Dieu : « C'est la psychanalyse qui m'a donné cette foi. Je ne l'avais pas avant. C'est le fait de rencontrer mon unité intérieure par-delà mes morcellements, de m'accepter telle que je suis, qui m'a fait accepter Dieu en disant : "Si je suis, c'est qu'Il est. La preuve qu'Il est, c'est que je suis[1]". » Ailleurs elle ajoute : « Je pense, en ce qui me concerne, que je n'aurais pas pu envisager d'être psychanalyste si je n'avais pas été croyante[2]. » L'éventualité d'un écart irréductible entre psychanalyse et spiritualité ne se présente même pas pour elle, l'une et l'autre participent du même questionnement sur le fait humain, l'une succédant seulement à l'autre sur le chemin de l'élucidation du même mystère. Mais ce qui à titre personnel est vécu dans la complémentarité et la cohérence ne peut être exposé si facilement à d'autres. Et, bien que Dolto ne les ait jamais dissimulées,

1. 1978 *f*, p. 97.
2. 1989 *a*, p. 175.

elle attendra néanmoins la fin de sa vie pour rendre publiques ses méditations sur les évangiles et la foi[1].

Dans son livre *Solitude*, Dolto a ce dialogue intérieur sous les masques du Mainate et de la Praticienne :

« Le Mainate – À chaque fois qu'on arrive aux limites de tes pensées psychanalytiques, on trouve quelque chose d'autre qui ne relève pas de la psychanalyse.

La Praticienne – C'est toujours le sujet et son désir. C'est toujours le désir du sujet qui existe avant même qu'il n'existe en tant qu'objet pour autrui, visible. Et, pendant les premiers jours, les premières semaines, personne ne se doute qu'il y a un être en début d'évolution. Là, son désir est à l'état pur.

Le Mainate – Une espèce de germe d'œuf spirituel, de graine spirituelle qui s'incarne.

La Praticienne – Dire que c'est Dieu qui s'est incarné sous forme de chaque être humain, pourquoi pas[2] ? »

C'est dire combien pour Dolto le sujet garde tout son mystère dans le temps de sa manifestation charnelle. Avatar limité dans le temps et l'espace du sujet transcendant : « L'énigme "je-nous" demeure, de génération en génération, tandis que moi, toi, les autres, meurent, et le langage est l'énigme qui, séparés que nous sommes les uns les autres, nous unit par-delà... en deçà... par quoi ? En qui ? Serait-ce cet inconnaissable, le sujet du verbe Être[3] ? » Et ailleurs elle ajoute : « La mort n'atteint jamais le sujet. Elle atteint le moi, fait disparaître ce spécimen de l'espèce, qui est un corps humain, mais le sujet du désir préexiste à la conception et rien ne nous dit qu'il disparaît après la mort[4]. » Quand Dolto relativise le temporel et le spatial, c'est pour elle une autre façon de défendre la prévalence du sujet contre tout risque d'aliénation, toujours étayée en fin de compte sur une dépendance imaginaire maintenue : « À cause de sa dépendance charnelle, l'enfant peut croire que l'être humain adulte est le représentant même du désir, alors qu'en fait les parents ne sont que temporairement représentants de la loi du désir dans l'ethnie qui est la leur. L'enfant grandissant peut tou-

1. 1977 *b*, 1978 *e*, 1978 *f*.
2. 1986 *c*, p. 200.
3. 1984 *a*, p. 372.
4. 1982 *b*, p. 162.

jours croire que son père, sa mère sont matériellement représentants de Dieu. C'est là une perversion[1]. »

Dolto a éprouvé la consistance de tout cela grâce à son analyse, elle en a trouvé le lexique et la syntaxe dans les corpus freudiens et lacaniens, mais c'est dans les évangiles qu'elle en décèle l'expression la plus aboutie : « Ce que je lis dans les évangiles, en tant que formée par la psychanalyse, me paraît être la confirmation, l'illustration de cette dynamique vivante à l'œuvre dans le psychisme humain et de sa force qui vient de l'inconscient, là où le désir prend source, d'où il part à la recherche de ce qui lui manque[2]. » Elle prend dès lors en 1977 le risque de publier ses réflexions, prolongement inévitable d'une démarche qui ne peut supporter de n'être pas sincère jusqu'au bout : « Ces textes, ces suites de mots, comment se fait-il donc qu'ils fassent choc à notre conscience et onde de choc jusque dans l'inconscient, y ressourçant joie et désir de connaître, de connaître ce royaume de Dieu ? Voilà bien des raisons d'oser [...]. La lecture des évangiles, je le répète, produit d'abord un choc en ma subjectivité, puis, au contact de ces textes, je découvre que Jésus enseigne le désir et y entraîne[3]. » Il faut bien établir ici ce qui anime Françoise Dolto. Sur le point de la foi en un Dieu et de l'adhésion au dogme christique, Dolto ne veut pas du tout convertir ses lecteurs, mais seulement apporter son témoignage. En revanche, elle voudrait leur transmettre que les évangiles lui confirment que la vérité, ce qu'on appelle aussi le sens de la vie, ne peut naître que des confrontations assumées de son désir à la loi qui en règle la marche : « Aujourd'hui, ces récits évangéliques nous disent d'abord l'impérieuse nécessité de favoriser l'épanouissement et l'éclosion du désir. Ensuite, ils nous indiquent qu'entre le désir d'un homme et les lois auxquelles il est soumis se fonde une dialectique[4]. » Sa lecture des évangiles lui paraît démontrer que la question du sens n'appartient pas au domaine de l'imaginaire, mais qu'elle a bien un statut ontologique, en tant que fruit de cette dialectique du désir et de la loi mise en formules par la psychanalyse.

1. 1984 *a*, p. 222.
2. 1977 *b*, p. 13.
3. 1977 *b*, p. 13-15.
4. 1977 *b*, p. 69.

On peut donner ici un exemple de cette lecture. Citons celui de la guérison de l'hémorragique et de la résurrection de la fille de Jaïre dans l'évangile de Marc (Mc 5, 21-43). Il est question de deux miracles simultanés de Jésus, de deux guérisons miraculeuses survenant en écho l'une de l'autre : celle « d'une jeune femme atteinte d'un flux de sang depuis douze années » et celle d'un fillette de douze ans au seuil de la mort. Ce sont pour Dolto deux histoires de femmes en mal de leur féminité : « Une femme est exclue depuis douze ans de la lice des femmes sexuellement désirantes et désirables. Une fillette de douze ans meurt au lieu d'y entrer à l'âge venu de la nubilité[1]. » Chez ces deux femmes, la maladie est à considérer comme un symptôme. La femme adulte signifie son incapacité de se prêter à l'amour d'un homme par ses hémorragies ; quant à la fillette, elle va mourir d'être restée l'objet fétiche et idéalisé d'un père qui lui est attaché incestueusement. Pour Dolto les interventions miraculeuses de Jésus sont à décrypter dans les deux cas comme des interprétations. À la femme guérie d'avoir simplement touché son vêtement, Jésus dit : « Ta foi t'a sauvée », et Dolto entend : « Tu as toujours eu de quoi avoir un sang cyclé, mais tu ne le savais pas. La foi en toi-même, c'est un homme qui peut te la donner[2]. » Quant à la résurrection de la fillette qui survient après que Jésus s'est adressé à son père en ces termes : « N'aie pas peur, aie seulement la foi », elle est pour Dolto le fruit d'une parole qui a rappelé Jaïre à sa responsabilité : « Aie foi en toi, en ta force d'homme et d'époux, et ta fille vivra [...]. Si tu as foi en ta force d'époux, tu pourras dire à ta fillette : "Ma petite fille, tu es féminine, mais pas pour moi." Et elle pourra vivre par et pour un autre[3]. » Dans l'un et l'autre miracle – on serait tenté d'écrire *cas* –, Dolto voit en Jésus celui dont la parole provoque sens et vérité par sa seule valeur d'incarner l'absolu du désir, quand bien même une lecture psychanalytique permet d'en éclairer l'effet sur les hommes et d'en tirer enseignement.

On imagine facilement qu'en s'exposant comme psychanalyste et chrétienne Dolto reçoive les critiques autant des croyants que de ses pairs.

1. 1977 *b*, p. 101.
2. 1977 *c*, p. 110.
3. 1977 *b*, p. 110-111.

Aux premiers, qui seraient tentés de reprendre à leur compte l'anathème de l'Église contre la psychanalyse et le «pansexualisme» freudien, Dolto répond en introduction à son ouvrage en des termes définitifs et sans ambiguïté : «Rien de ce que l'Église du XXe siècle enseignait à ceux qu'elle formait ne me paraissait contenu ni dans la Bible, ni dans les évangiles [1].»

En revanche les polémiques avec la communauté psychanalytique durèrent plus longtemps, d'autant plus que Françoise Dolto s'inscrivait de fait, qu'elle le souhaite ou non, dans un débat qui était né en même temps que la psychanalyse. La question de la spiritualité traverse en effet toute l'histoire de la psychanalyse – elle ne saurait être abordée sur le fond en quelques phrases. Disons seulement que Freud, qui voulait avant tout affirmer le caractère scientifique de son œuvre, s'en était tenu à réduire la religion à sa dimension d'illusion collective en laissant de côté ses racines spirituelles. En revanche, de nombreux psychanalystes, en particulier au sein de l'école psychanalytique française, persistèrent à mesurer leur pratique à l'aune de leur foi. C'est à leur sujet qu'Élisabeth Roudinesco tient des propos sans concession en évoquant une «crise occultiste». Quoi qu'il en soit, Françoise Dolto a croisé nombre d'entre eux en de multiples circonstances, Laforgue et Pichon en particulier, tous deux premiers et principaux représentants de ce courant en France. Laforgue, on s'en souvient, engagé dans une quête plutôt spirituelle et humaniste, Pichon dans la défense d'un catholicisme nationaliste et traditionaliste. Après la Seconde Guerre mondiale, Dolto croise à nouveau la route de Laforgue lors de la fondation de la revue *Psyché* par Maryse Choisy. Cette publication émane du Centre d'étude des sciences de l'homme, qui voulait faire entrer la psychanalyse dans sa «phase constructive» : «D'après les travaux de Jung et de Baudoin en Suisse, de Laforgue en France […], [la psychanalyse] permet des débouchés intéressants dans la pédagogie, dans la sociologie, dans l'orientation professionnelle. Elle fait entrevoir, en quelque sorte, un sentier insoupçonné vers un bonheur collectif vainement mendié par les moralistes [2].» Tel est l'ambitieux programme, politique mais aussi spirituel, que se fixe ce mouvement. Sans partager peut-être toutes ces idées, Dolto

1. 1977 *b*, p. 12.
2. Jaccard R., 1982, p. 41.

publie néanmoins dans *Psyché* son article essentiel sur «La dynamique des pulsions et des réactions dites de jalousie à la naissance du puîné[1] ». À la même époque, un autre périodique à caractère plus strictement religieux accueillait des textes de personnalités qui s'inscrivaient dans un courant de pensée plus strictement spirituel, les *Études carmélitaines* dirigées par le père Bruno de Jésus-Marie. Au côté de la signature de Dolto on retrouve, par exemple, celles de l'abbé Marc Oraison, des pères Beirnaert et Teilhard de Chardin, de Lanza del Vasto, des docteurs Berge et Parcheminay.

Du point de vue de l'histoire de la psychanalyse, les textes à caractère religieux de l'œuvre de Dolto n'ont rien d'exceptionnel par conséquent. Ils soulignent son inscription dans cette génération de psychanalystes de l'après-guerre en quête d'une légitimation à la psychanalyse dans une perspective humaniste et spirituelle, au-delà du projet scientifique freudien. Il est donc tout à fait singulier que les textes de Dolto de 1977 aient engendré une telle violence à son égard. On ne critiquait pas son analyse des récits évangéliques dans la mesure où elle soulignait la pérennité des effets de vérité de la parole ; en revanche on s'insurgeait violemment quand Dolto plaçait Dieu à l'horizon du désir et du langage. Le discours analytique «n'a pas comme référence la Vérité, mais le Réel», lui lance-t-on[2]. On ajoute que le Dieu dont parle Dolto est un Dieu d'Amour, et c'est une dérive de la psychanalyse vers une ontologie de l'Amour que l'on dénonce alors : «En effet, s'il y a problème, demande, angoisse, souffrance maintenus, c'est que les règles de l'altruisme et de l'éthique traditionnelle n'y suffisent plus. Il y a donc non pas choix mais nécessité d'instaurer une autre éthique [...]. L'inconscient reste l'inconscient, langage tout autre, sur une autre scène, en contrepoint du discours qui dit le bien à faire, pour y mettre, par surprise, un bémol[3] ! » On a déjà évoqué aussi ceux qui renvoient Dolto à «ses lamentables bondieuseries» et à sa «nouvelle Bonne Nouvelle» ! D'autres psychanalystes se montrèrent toutefois moins virulents et cherchèrent plutôt à justifier, sinon à excuser, son intérêt pour la religion. Pierre Benoit[4] s'interroge en particulier sur la part de transfert non liquidé de Dolto sur Laforgue et, par voie de

1. 1969 *a*, p. 96-132.
2. Julien P., 1979.
3. Julien P., 1979, p. 24-25.
4. Benoit P., *Le coq-héron*, 1989, nº 111-112.

conséquence, de ce dernier sur Freud lui-même. S'il est impossible d'épuiser ce débat, une question reste posée à la psychanalyse au-delà des convictions des uns et des autres, celle de la nature du sujet dont elle fait son objet. Toute l'œuvre de Lacan a consisté à se dégager de toute représentation et de toute psychologisation possible dudit sujet ; à cela Dolto a opposé un sujet transcendant, inconnaissable en lui-même, mais dont la référence à Dieu donne à son désir sa source et sa fin. Lacan et Dolto se débattent en fin de compte avec la même question ; elle fonde leur communauté d'éthique et permet à tous deux de réfuter le moi au profit du sujet, la référence à Dieu maintenue par Françoise Dolto ne changeant rien à la nature langagière du sujet, ce que l'évangéliste Jean tenait pour le mystère du « Verbe fait chair ».

DEUXIÈME PARTIE

LES CONCEPTS FONDAMENTAUX

1
LA QUESTION DU SUJET

Dans l'œuvre de Françoise Dolto la question du sujet émerge d'abord par son versant éthique. Dans le prolongement des débats de 1953, Dolto défend une psychanalyse du sujet contre les pratiques qui visent à renforcer le moi pour en fin de compte adapter l'individu à la société : « La morale est un code de comportement ; l'éthique, elle, soutient une intention dans sa visée, elle est le désir et le sens qui en découle. La morale, qu'elle s'applique de façon agréable ou désagréable, qu'elle soit ou non nocive pour autrui, provient des pulsions. L'éthique est affaire de sujet, la morale est affaire de moi ; le sujet se fonde sur le symbolique, tandis que le moi est dans l'imaginaire, il est au service du "fonctionnement[1]". » Elle ajoute ailleurs dans un entretien que, si la psychanalyse n'est pas un humanisme, le psychanalyste, lui, ne peut se passer d'une conception de l'être humain[2].

À propos de la psychanalyse d'enfant, ce principe devient une exigence radicale pour Dolto : « On ne peut pas être psychanalyste d'enfant si on n'a pas cette foi en un sujet, sujet de son propre désir, dont témoigne ce corps-là respirant, n'en déplaise à ceux qui projettent sur un bébé leur seule foi en un tube digestif, végétatif, qui n'aurait pas déjà sa pleine signifiance symbolique humaine : c'est-à-dire ceux qui ne croient pas que le vivre d'un bébé, encore *infans* pour autrui, soit expression de sa parole, signifiant de son verbe "désirer", inconsciemment devenu chair au moment de la

1. 1987 *d*, p. 124.
2. Entretien dans *L'Express*, n° 1915.

conception ; qui ne croient pas que le développement et la mort, à laquelle cette chair est promise, sont symboles d'une énergie inconnaissable en elle-même, à la recherche de son accomplissement par la médiation de rencontres sensées, créatrices de sens en chaîne, sens que ni la vie de l'homme ni sa mort ne suffisent à signifier[1]. » L'équation éthique fondamentale peut dès lors se formuler ainsi : défendre le sujet contre le moi, c'est soutenir la prévalence du désir. Un projet qui est aussi la pierre de touche de la vérité ; le seul objet de la psychanalyse avec un enfant, c'est de lui permettre d'accéder à la vérité de son désir, tendu entre le moment de sa conception et les épreuves qu'il doit surmonter : « Très souvent, quand on envoie un enfant dans un CMPP parce que sa façon d'agir gêne les institutions ou sa famille, lui n'est pourtant pas un être en désordre. Il a surtout besoin d'être soutenu pour apprendre à ne pas subir les projections d'autrui et à se construire, enraciné dans la scène primitive de sa conception, en protégeant son narcissisme primaire menacé de dissociation s'il cède aux injonctions de ceux qui lui demandent d'agir comme un pantin. [...] Il n'y a en effet pas d'autre valeur que celle de la vie[2]. »

Si petit ou si fou soit-il, l'enfant a toujours l'entendement de ce que Dolto nomme le « parler vrai » si les paroles qui lui sont dites s'adressent vraiment à lui en tant que sujet, si elles lui délivrent une vérité sur son histoire et celle, indissociable, de ses parents : « Le parler vrai signifie considérer celui qui est en face comme un homme ou une femme en devenir, qui est tout entier langage dans son être[3]. » Tout ce qui vaut en tant que reconnaissance du sujet peut être entendu par l'enfant et le fou : « Que voulez-vous dire par pathologique : c'est pathologique pour les gens qui ne sont pas fous. Le fou, lui, est dans la réalité de sa fonction symbolique, laquelle a son histoire avec des parents ayant eux-mêmes leur histoire avec les grands-parents[4]. » Dolto nous en donne la saisissante démonstration lors de sa première séance avec Dominique, l'enfant psychotique dont elle a parlé pour la première fois aux Journées de 1967 :

« Françoise Dolto – Mais c'est vrai que tu déraisonnes, je vois

1. 1971 *a*, p. 203.
2. 1982 *b*, p. 43.
3. 1987 *e*, p. 68.
4. 1987 *e*, p. 187.

que tu t'en aperçois. Peut-être t'es-tu déguisé en toqué pour ne pas être grondé ?

Dominique – Oh, ça doit être ça. Mais comment vous le savez ?

F. D. – Je ne le sais pas, mais je crois que tu t'es déguisé en fou, ou en idiot et que tu ne l'es pas, puisque tu t'en aperçois et que tu veux changer[1]. »

Avant toute décision de cure, Dolto inscrit leur rencontre dans un éprouvé et un projet de reconnaissance mutuelle. Elle écrira beaucoup plus tard, en conclusion d'une cure qui durera plus d'un an : « Dominique et moi sommes deux représentants de deux mondes qui sont arrivés à communiquer. Dotés tous les deux de langage ; moi plus adaptée au langage du plus grand nombre, lui moins ; moi moins méfiante de lui que lui de moi ; moi pensant, à tort ou à raison, que son habitus dénommé psychotique l'empêcherait d'accomplir sa vocation créatrice humaine, j'essayais par ma compréhension de l'y faire parvenir[2]. »

Le cadre éthique posé par Dolto délimite la véritable frontière de l'aliénation, qui est celle du sujet prisonnier des leurres du moi et que la peur ou le silence maintient forclos.

On l'a compris ici, ainsi qu'à l'évocation de son questionnement spirituel, le sujet est pour elle la valeur éthique ultime. Même s'il garde toute sa densité et son opacité, même s'il reste inconnaissable en tant que tel, le sujet est pour Dolto le cœur même du fait humain et l'horizon indépassable d'où tout vient s'organiser et prendre sens.

Le second versant de la question du sujet chez Dolto est de nature conceptuelle et s'articule plus exactement au corpus psychanalytique, en particulier en contrepoint de sa lecture lacanienne. Lacan utilise en effet le même terme alors qu'il s'agit pour lui de désigner au contraire un vide et une absence. Pour Lacan le sujet n'a pas de foyer, il est pur effet de langage ; divisé par essence, il n'est jamais une donnée première. Il n'est ni localisable ni désignable autrement que dans un jeu de signifiants en relation avec d'autres signifiants. Lacan n'attribue pas plus de consistance au sujet que celle que lui donne l'expérience qui le constitue, celle du

1. 1971 *a*, p. 33-34.
2. 1971 *a*, p. 223.

« stade du miroir » : « C'est ainsi que, si l'homme vient à penser l'ordre symbolique, c'est qu'il y est d'abord pris dans son être. L'illusion qu'il l'ait formé par sa conscience provient de ce que c'est par la voie d'une béance spécifique de la relation imaginaire à son semblable qu'il a pu entrer dans cet ordre comme sujet. Mais il n'a pu faire cette entrée que par le défilé radical de la parole, soit le même dont nous avons reconnu dans le jeu de l'enfant un moment génétique, mais qui, dans sa forme complète, se reproduit chaque fois que le sujet s'adresse à l'Autre comme absolu [...][1]. » Pour Lacan la question du sujet est liée de façon inextricable à l'illusion d'être et à la déception radicale qu'elle annonce.

Par rapport à la conception lacanienne du sujet, celle que défend Dolto constitue une torsion fondamentale. Elle affirme en effet que, s'il y a vie, c'est qu'il y a sujet : « Pour ma part, si je pense que le désir des parents induit leur enfant par effet de langage, je pense que tout être humain est, dès son origine, à sa conception, lui-même source autonome de désir. Je pense que son apparition vivante au monde (à la naissance) est symbolique, en elle-même, du désir autonome de s'assumer[2]. » Dolto n'hésite pas à prolonger son propos par celui qui en découle naturellement : « L'être humain est incarnation symbolique de trois désirs, celui de son père, celui de sa mère, et le sien, en tant que tous trois êtres de langage[3]. » Françoise Dolto nous conduit ici à un mythe des origines doublement fondateur, de l'individu et de son système théorique. Si l'on veut comprendre les apports théoriques propres à Dolto, il faut d'abord partager avec elle cette assertion fondamentale, elle seule permet de saisir en quoi l'essentiel de ses interrogations porte sur les aléas du croisement entre un pur sujet langagier et son corps, et non sur une espèce de psychogenèse du sujet, comme certains l'ont pensé.

Le premier croisement entre sujet et corps, entre une parole et la chair, entre des désirs conjoints et leur actualisation dans un troisième corps, est donc la conception elle-même. C'est bien d'un mystère premier qu'il est question, un nouage fondateur que chacune des étapes clés de la vie, que Dolto appellera des castrations

1. Lacan J., 1966, p. 53.
2. 1971 *a*, p. 202.
3. 1971 *a*, p. 203.

symboligènes, mettra en cause à nouveau : « Le surgissement du Réel, lequel à tous nous échappe, dans nos avenues codées du possible et de l'impossible dont nous passons notre vie à comprendre les lois, espérant ou redoutant son impact dans notre réalité, ce surgissement parfois se fait alors punctiforme présence aux entrailles de la femme, dont l'homme ou la femme s'ignoraient porteur ou émetteur, tout à leur plaisir donné. [...] Cependant, dans l'invisible, cette parole en appelle à un autre, qui parfois répond. Trois désirs, un instant conjoints, se font chair en devenir[1]. »

En symétrie exacte à ce premier mystère, Dolto pose cet autre qui lui fait pendant, celui de la mort du corps : « La mort n'atteint jamais le sujet. Elle atteint le moi, fait disparaître ce spécimen de l'espèce, qui est un corps humain, mais le sujet du désir préexiste à la conception et rien ne nous dit qu'il disparaît avec la mort. C'est notre castration de ne rien savoir de ce qui advient du sujet, et pourtant de savoir que c'est lui, qui, en nous, assume le désir, autorise ses avatars et les mémorise. On ne peut pas, en psychanalyse, confondre l'individu avec le sujet et le moi[2]. » Le désir qui avait soutenu le sujet à son incarnation le fait dans cette perspective se « libérer » au moment de mourir : « Ce qu'en effet nous nommons mourir n'est que la cessation des moyens d'un retour imaginaire au support du désir : la perte de l'image du corps, perte qui nous attire depuis notre naissance, est l'invincible attraction qui nous meut, à travers la recherche de complémentarité, vers son accomplissement, au-delà des limites imaginables de notre corps [...] ; l'ultime accomplissement s'affirme dans la transcendance du "je" enfin libre, en sa coïncidence totale au cri expiratoire qui le dégage du retour au jeu d'images illusoires nées du conditionnement sensoriel. C'est la mort, libératrice du piège de l'image du corps et de ses mutations[3]. »

On comprend que le sujet « doltoïen » n'est pas le sujet tragique et démuni de Lacan, et l'on pourrait penser qu'il existe un écart irréductible entre ces deux conceptions. Pourtant Dolto ne réfute pas l'essentiel des apports de Lacan concernant l'inscription symbolique du sujet dans le langage ; elle le suit aussi quand il situe au

1. 1986 *c*, p. 438.
2. 1982 *b*, p. 162-163.
3. 1969 *a*, p. 64-66.

cœur de la question du sujet celle de la relation à l'autre ; elle adhère enfin totalement à ses hypothèses sur le désir et sa prise dans la dialectique symbolique de la loi. Les propositions de Lacan lui permettent en fait de conceptualiser parfaitement « l'entre-deux » incarné de la conception à la mort sans rien abandonner de sa représentation intemporelle et immatérielle du sujet, « incarnation » qui précipite le sujet dans le monde des leurres du corporel et des pulsions, du temporel et du spatial. L'essentiel du projet de Dolto sera de théoriser ce lien entre sujet et corps, en s'appuyant à la fois sur les apports de Lacan pour ce qui concerne la question du sujet et sur des concepts propres qui lui permettront de préserver son mythe originel : « Il n'y a pas chez l'être humain d'instinct, au sens où on l'entend chez les animaux ; il y a désir sexué, c'est-à-dire relation imaginaire symbolique et créatrice de sens, qui informe et oriente le corps par la rencontre ou la non-rencontre du complément à ce désir, au-delà de la relation sensorielle des besoins satiables. Si, par son corps, l'être humain est le siège de besoins d'apports et déports qui relient au monde, et dont la nourrice est la médiatrice, c'est par le désir d'une image de lui-même, grâce à l'expérience d'incomplétude sexuelle dans la relation à l'autre, qu'il structure sa vérité et entretient son désir[1]. »

La recherche de Dolto se situe bien au côté de celle de Lacan, mais sans qu'ils puissent jamais se rencontrer sur la question centrale de l'essence – si essence il y a justement – du sujet. Il faut comprendre ainsi leurs différences fondamentales d'interprétation du stade du miroir. Dans la mesure où pour Dolto la conception est déjà la manifestation du désir d'un sujet, ce qui la préoccupe, dans le champ de la psychanalyse, n'est donc pas tant le problème de « l'origine » du sujet mais celui de son nouage au corps. À ce titre, elle suit Lacan quand il confère au stade du miroir une fonction structurante essentielle dans les trois registres Imaginaire, Symbolique et Réel, mais elle s'en sépare quand il lui attache le surgissement d'un sujet. Le stade du miroir est bien pour Dolto le temps de cristallisation décrit par Lacan, mais dans le prolongement d'une dynamique préspéculaire à l'œuvre dès la conception. Alors que pour Lacan le nourrisson sort des limbes de l'imaginaire à l'étape du miroir, pour Dolto cette épreuve ne fait que ponctuer la décou-

1. 1981 *a*, p. 110-111.

verte que « l'autre », c'est d'abord un « autre corps » distinct du sien ; ce n'est pas l'avènement du sujet qui est en jeu, mais son inscription définitive dans un corps biologiquement, sexuellement et visuellement donné. En d'autres termes, Dolto retient surtout du miroir son effet de médiation imaginaire dans le processus d'accès à la symbolisation. Plutôt qu'une opposition entre deux conceptions, il faut repérer ici les effets paradoxaux produits par des positions de principe : alors que Lacan cherche à réduire le sujet à un effet de structure, il est conduit à fonder son système sur un moment historique du développement ; *a contrario* Dolto, qui donne au sujet une dimension transcendante, se montre presque plus structuraliste que Lacan en reconnaissant dans le stade du miroir le modèle de la relation à l'autre et à soi qu'elle découvre *avant* même le moment génétique du miroir !

Dans ce balisage au sein de la question du sujet, les aspects éthiques et théoriques ont été artificiellement dissociés, mais le propre de l'œuvre de Dolto, comme de celle de Lacan à cet égard, est au contraire de les avoir rendus indissociables. Si Dolto n'établit pas de différence de nature entre le fœtus, l'enfant et l'adulte, c'est parce qu'il s'agit pour elle autant d'une position de principe que d'un postulat conceptuel, à savoir l'unité fondamentale des déclinaisons d'une même équation qui rassemble, le temps d'une vie, sujet du désir et corps.

On voit dès lors quels sont les enjeux théoriques auxquels doivent répondre les concepts de Dolto. Il s'agit d'introduire des notions permettant de penser les étapes préspéculaires et archaïques du développement de l'enfant, alors qu'il est par essence sujet, et que sa référence dans l'espace et le temps est un corps dont il ne perçoit ni les limites réelles ni la forme sexuée.

Ces concepts organisateurs sont l'image inconsciente du corps et la castration symboligène.

2

L'IMAGE INCONSCIENTE DU CORPS

Un concept clinique

Bien que la notion d'image inconsciente du corps réponde à un besoin conceptuel, Françoise Dolto insiste avant tout sur son ancrage clinique. Elle le rappelle en première partie de son ouvrage *L'image inconsciente du corps*[1] et ne manque surtout jamais de l'illustrer par des vignettes cliniques. Deux d'entre elles sont bien connues.

La première concerne un nouveau-né séparé de sa mère depuis trois jours, qui refusait toute nourriture bien qu'il fût affamé et que sa mère l'eût allaité sans problème auparavant. Dolto avait proposé d'entourer le biberon de l'enfant d'un linge imprégné de l'odeur de la maman; le nourrisson s'était alors alimenté. Voilà en quels termes Françoise Dolto interprète ce qui s'était passé : « L'image de son corps digestif, réceptacle à complémenter, était absente, parce que la complémentation spécifique de son cavum olfactif par l'odeur de sa mère n'avait pas été préalablement obtenue. Il fallait une réponse maternelle à la question posée au lieu de la zone érogène olfactive, pour que la question vitale de complémentation nutritive puisse se poser au lieu de la zone érogène digestive, retrouvée dans sa totalité d'issue (la bouche), de fonctionnement rythmique, et de contenant, l'estomac vide à remplir. [...] [L'odeur] est alors symbole de la mère : par elle, la mère est présentifiée, par elle, la personne de la mère introjectée dans les tétées préalables est présente en ses effets créatifs. La complétude olfactive crée la pré-

1. 1984 *a*.

sence imaginée des mamelles maternelles absentes, en même temps que du tube digestif affamé et sachant téter, qui manquait aussi : l'image en était aliénée à l'enfant en l'absence du corps maternel[1]. » Pour Dolto tout s'était donc passé comme si l'enfant s'était trouvé privé de bouche et d'estomac à la suite du départ de sa mère et qu'il avait régressé à un état antérieur de sa physiologie, quand la nourriture lui venait de l'ombilic. En retrouvant la trace maternelle olfactive, il avait retrouvé en même temps l'intégrité de ses fonctions orales.

La seconde vignette est celle de « la petite fille à la bouche de main ». Au cours d'une séance avec une fillette totalement phobique du toucher, Dolto avait lancé ces mots en lui présentant de la pâte à modeler : « Tu peux la prendre avec ta bouche de main », l'enfant avait alors tendu la main et avait saisi la pâte à modeler. « [...] c'était une fille, nous dit Dolto, qui ne savait plus qu'elle avait des mains, ni que les mains étaient des orifices oraux et anaux. Rappelez-vous qu'au stade oral l'enfant déplace l'oral partout et ce sont précisément les mains qui comme une bouche savent lâcher et parler[2]. » Elle ajoute qu'à travers sa phrase « Prends avec ta bouche de main », elle lui avait mis une « bouche dans sa main ».

Ces deux enfants ne présentaient ni atteinte physiologique ni atteinte anatomique, et pourtant ils se montraient incapables de déglutir ou de se servir des mains : pour l'un comme pour l'autre une souffrance « affective » se signifiait dans un empêchement touchant le fonctionnement du corps. Quant aux interventions de Françoise Dolto, en acte ou en parole, malgré leur différence de nature apparente, elles s'appuyaient sur le même mode d'analyse du symptôme. Dolto n'avait eu recours en effet ni à la consolation ni à la persuasion pour amener ces enfants à retrouver l'intégrité de leurs capacités somatiques. Son intervention s'était située à chaque fois au niveau propre de l'être-au-monde de l'enfant. Plus précisément – et c'est là que se dessine la notion d'image du corps – Dolto s'était inscrite par ses actes ou ses paroles au niveau singulier de l'unité somato-psychique de chacun des enfants. Dans le cas du nourrisson, la fonction de déglutition participait d'un ensemble affectif, perceptif et langagier incluant la mère que

1. 1969 *a*, p. 78-79.
2. 1987 *e*, p. 22.

le linge lui avait permis de retrouver ; dans celui de l'enfant déjà différenciée corporellement de sa mère, le corps n'était que bouche, capable seulement d'incorporations orales, fussent-elles métaphoriquement médiatisées par la parole.

À cette perception empathique de l'enfant Dolto ajoute une dimension essentielle : la levée du symptôme est le fruit de l'entrée en communication avec l'enfant. C'est en tant que symbole de la mère que l'odeur du linge a redonné au nourrisson le sentiment de son intégrité, et c'est en tant qu'interprétation que les paroles de Dolto ont permis à la petite fille d'utiliser sa main. Dans ces deux vignettes on voit que Françoise Dolto pose comme un acquis que le symptôme – anorexie ou phobie du toucher – ne concerne pas le sujet, mais seulement, si l'on peut dire, la qualité de son inscription dans le corps. Le nourrisson comme la fillette sont et restent des sujets, mais l'un et l'autre ont en quelque sorte perdu l'accès à leur corps actuel, l'un et l'autre sont affectés dans la fonction médiatrice de ce que Dolto appellera désormais leur *image du corps*. D'un point de vue clinique, on voit l'intérêt pour Dolto d'avancer ce nouveau concept qui permet de donner au symptôme son espace propre, entre sujet et corps, dans l'image du corps.

Des dessins d'enfants à l'image inconsciente du corps

Les productions plastiques réalisées par les enfants au cours des séances vont permettre à Françoise Dolto de parachever son concept d'image du corps. On a vu dans quelles circonstances elle avait introduit dessin et modelage dès le début de sa pratique, à la suite de Sophie Morgenstern. Ce qui n'était qu'un médiateur prit très vite une place centrale dans sa conceptualisation de la cure, au point qu'elle affirmera beaucoup plus tard : « Quand un enfant dessine, c'est toujours son portrait qu'il dessine : sans cela il ne dessinerait pas. On ne dessine pas, on *se* dessine et l'on se voit électivement dans une des parties du dessin. [...] Non, on ne raconte pas un dessin, c'est l'enfant lui-même qui *se* raconte à travers le dessin. Un dessin, c'est un fantasme extemporané dans une analyse ; c'est comme cela qu'il faut l'écouter[1]. »

---

1. 1987 *e*, p. 14 (souligné par l'auteur).

Dolto donne au dessin d'enfant beaucoup plus qu'une valeur projective ou expressive. Quand Dolto écrit que l'enfant « dessine son portrait », elle ne se réfère évidemment pas au contenu figuré du dessin, et pourtant elle affirme que « quelque chose » de l'enfant se dessine, quelque chose qui serait référé à la fois au sujet et au corps comme le serait un autoportrait. Ainsi, « l'espace intermédiaire » entre sujet et corps que Dolto voyait à l'œuvre dans sa clinique se révélerait par le dessin ou le modelage. En d'autres termes, les dessins et les modelages d'un enfant en séance seraient des représentations de cette image du corps dans laquelle on a vu se déployer le symptôme : « L'accumulation de tels documents ne pouvait pas ne pas éveiller notre esprit au langage, paralogique ou illogique, des formes, aux sensations et aux émois qu'elles évoquent, sorte de rêve éveillé, illustré au lieu d'être décrit, plein du sens spécifique de chaque enfant dans la situation propre qui est la sienne [...]. C'est ainsi que des enfants physiquement sains, auteurs de représentations de corps humains infirmes dans lesquelles ils se projettent, nous font comprendre que tels ils se sentent dans la situation de transfert. Le surmoi de ces enfants leur ôte-t-il une partie du corps ? Ou leur moi est-il encore archaïque ? [...] De proche en proche, avec les années, à travers ces représentations du corps graphiques et plastiques antérieures à la primauté de l'érotisme génital, une compréhension nouvelle se faisait jour, une compréhension de l'enfant en situation de relation à travers son corps[1]. »

Les propos de Dolto concernant les dessins et les modelages de l'enfant ont pour conséquence de transformer profondément leur statut dans la cure. S'il est courant en effet de les considérer comme une surface de projection des fantasmes inconscients de l'enfant, comme une sorte d'écran entre lui et l'analyste, Dolto pousse cette idée beaucoup plus loin en les rendant indissociables de l'espace de la cure, donc du transfert. Dessins et modelages ne sont pas seulement le support des fantasmes, ils les organisent en leur donnant une figuration ; ils ne font pas que mettre au jour des éléments inconscients, ils donnent une forme à la dialectique abstraite du sujet et de son corps ; ils n'enferment pas l'enfant dans une représentation de lui-même, ils la construisent dans sa réfé-

1. 1969 *a*, p. 70-71.

rence à l'autre en la personne présente de l'analyste. Dessins et modelages prennent dans la cure un statut de médiateurs imaginaires qui révèlent le désir en même temps qu'ils ouvrent la voie à sa mutation dans le langage.

Dolto nous en donne l'illustration par le cas d'un enfant de onze ans qui était submergé de tics[1]. Plusieurs de ses dessins représentaient un cavalier, un cheval et un animal menaçant, un tigre ou un serpent, mais il manquait toujours une des trois têtes, qu'il ne mettait jamais sur le même dessin. Forte de ce constat et des commentaires de l'enfant, Dolto fait l'hypothèse qu'il ne peut représenter en même temps la tête de la dévoration orale, celle du tigre, la tête de la maîtrise de la musculature anale, celle du cheval, la tête enfin de la maîtrise du cavalier, qui représente l'être humain. Ce qui, en termes d'image du corps, signifiait une impossible coexistence de ces trois images, orale, anale et génitale, le garçon se représentant dans chaque personnage. Au cours de la cure, cette problématique révélée en dessins se trouve associée à l'évocation des circonstances qui avaient entouré la mort du grand-père maternel de l'enfant. Des conflits d'héritage avaient entraîné un de ses oncles à tenter d'assassiner un autre de ses oncles. L'enfant avait appris cela en surprenant une conversation entre ses parents dans leur lit. C'est là, nous dit Dolto, que « tout s'est télescopé en lui, l'avidité orale de l'héritage, le tabou du meurtre et l'étonnement d'assister à la connivence de ses parents parlant à voix basse dans le lit conjugal pour donner raison au meurtrier [...] et convenir de le cacher ». Cet enfant avait eu ses premiers tics au retour des obsèques du grand-père. Par la confrontation en analyse des dessins, des associations qu'ils évoquaient et de ses souvenirs, l'enfant put alors réinscrire son image du corps et son comportement dans l'ordre de la loi.

Le concept d'image inconsciente du corps

L'image du corps a été jusqu'ici décrite en quelque sorte de l'extérieur. On a vu que ce concept permettait à Françoise Dolto de réduire le paradoxe inhérent à ses positions sur la question du sujet : l'image du corps est à la fois entre sujet et corps et du côté

1. 1984 *a*, p. 8-10.

de l'un et de l'autre, elle est l'espace même de leur dialectisation. À partir de la clinique on a trouvé un deuxième point d'appui à la compréhension de cette notion, l'image du corps devenant alors l'espace du symptôme, entre sujet et corps. Le dernier point d'appui est venu des réalisations plastiques de l'enfant en séance, considérées comme des représentations de l'image du corps dans le transfert. Il faut maintenant entrer un peu plus dans la théorie pour donner son statut psychanalytique au concept d'image du corps – ou du moins placer quelques balises, le travail théorique à partir de cette notion restant à ce jour encore largement en chantier. Là encore c'est dans l'œuvre de Lacan qu'on peut trouver les éléments de cette mise en perspective théorique : du côté de l'interprétation du stade du miroir en premier lieu, dans la théorie du symbolique ensuite.

Quand Lacan analyse le stade du miroir, il instaure l'image réfléchie, l'image spéculaire, comme matrice identificatoire. Mais, alors qu'il ne s'attache plus dans la suite de ses recherches qu'à ce qui vient dans l'après-coup du stade du miroir, on a vu que Dolto élargit au contraire l'impact de ce dispositif à des étapes antérieures. Elle affirme qu'à partir de la naissance, et même de la conception, un enfant construit son sentiment d'unité ou plus exactement de «cohésion», pour reprendre le lexique de Dolto, sur ce qui lui vient du corps. Les sensations et les émois préspéculaires opèrent, comme la perception scopique du corps au stade du miroir, pour édifier ce que Dolto appelle l'image du corps. L'image du corps soutient le sentiment de cohésion et joue pour l'enfant dans les deux registres décrits par Lacan au stade du miroir : elle identifie et aliène l'enfant à lui-même, c'est-à-dire à son corps.

Si Dolto en restait là on serait tenté d'assimiler la notion d'image du corps à un avatar du moi. Mais elle ajoute à cela la référence à l'ordre symbolique. *L'image du corps est autre chose qu'un fantasme, elle fonde le «je» dans sa relation au corps propre, comme au stade du miroir.* C'est sur ce point que porte le véritable écart entre Lacan et Dolto. Le premier attache l'entrée dans le symbolique, et donc l'avènement du sujet ou du moins de sa possibilité, au moment génétique du miroir. Dolto, qui a posé que la conception était déjà une affaire de sujet, déplace l'enjeu symbolique du miroir sur le désir du sujet. La question pour elle n'est pas celle de l'entrée dans le symbolique, mais celle des conditions d'une « relation » symbolisée du sujet au corps, celle des conditions de maintien du désir malgré sa prise dans les pulsions[1].

Dolto considère que le fait humain est indissociable de l'aptitude à symboliser, indissociable de ce qu'elle appelle la *fonction symbolique*. De ce point de vue le sujet de Dolto n'est pas du tout un sujet plein ou clos, mais bien un sujet inscrit dans la dialectique de l'autre. Le sujet de Dolto est en quête, il est en tension de désir, et c'est cette tension qui soutient chacun dans une perpétuelle nécessité de symbolisation : « [...] *toute* perception donne lieu à une impression enregistrée quelque part dans le schéma corporel. Ce sont les perceptions de variation, en quantité et en qualité, en tension et en nature de signalisation sensorielle, qui deviennent décelables, plaisir ou douleur cœnesthésiques pour celui qui les perçoit, qui prennent pour lui valeur symbolique agréable ou désagréable, référée à la rencontre. Lorsque ces perceptions provoquent modification dans l'habitus, et que cette modification expressive est à son tour perçue par un autre vivant qui réagit en une réponse manifestée, variante et modulée, accordée à la première, un sens symbolique s'organise, qui est la communication : c'est l'origine archaïque du langage[2]. » La fonction symbolique telle qu'elle est définie ne permettrait d'organiser qu'une communication fruste, ou tout au plus délirante, si cet autre avec qui les premiers échanges ont lieu n'était lui-même un sujet inscrit dans le langage, si ce petit autre n'était agent de l'Autre – pour utiliser un vocabulaire lacanien. Parce que l'être humain est d'abord être de langage, ce qui était signe de la présence maternelle devient symbole de sa propre existence en son absence, le nourrisson symbolisant les traces sensorielles, émotionnelles et langagières de sa présence, « *relation de plaisir où lui-l'autre, lui-sa mère n'ont fait qu'un, par désirs accordés*[3] ». Au stade précoce d'indifférenciation entre l'enfant et sa mère, cette trace symbolisée permet au nourrisson de se sentir unifié ou, mieux, « cohésif ».

L'image du corps qui se constitue autour du « désir d'être » ini-

1. C'est cet écart qui conduira Dolto, à propos de la psychose, à réfuter l'idée lacanienne de forclusion pour lui substituer celle de régression.
2. 1971 *a*, p. 193 (souligné par l'auteur).
3. 1969 *a*, p. 279 (souligné par l'auteur).

tial du sujet se modifie par conséquent avec l'histoire de la personne dans le symbolique, l'image du corps est en relation avec le corps en tant qu'il médiatise le désir. Ainsi, c'est parce que l'échange oral ne symbolisait plus une rencontre de sujet à sujet que le nourrisson anorexique s'est trouvé amputé dans son corps au lieu d'étayage de la trace de la présence maternelle; c'est parce qu'elle avait une image du corps aliénée à une érotique pulsionnelle orale que la fillette « à la bouche de main » n'a pu utiliser ses mains qu'en référence à des mots de l'oralité.

L'image du corps appartient donc à la fois au registre de l'imaginaire et au registre symbolique : imaginaire dans la mesure où elle joue dans la constitution du sentiment de cohésion de la personne une fonction anticipatrice sur celle du miroir, et symbolique dans la mesure où elle ne se constitue pas dans un processus solipsiste, mais seulement dans la symbolisation des effets de rencontre et de reconnaissance comme sujet. Image du corps dont Dolto nous donne la plus pure définition dans son article « Personnologie et image du corps » : « *L'image du corps est la synthèse vivante de nos expériences émotionnelles* : interhumaines, répétitivement vécues à travers les sensations érogènes électives, archaïques ou actuelles. Elle peut être considérée comme *l'incarnation symbolique inconsciente du sujet désirant* et ce, avant même que l'individu en question soit capable de se désigner par le pronom personnel "je", sache dire "je"[1]. »

Il faut comprendre que l'image du corps est à la fois constituée, constituante et se constituant : « Édifiée dans le rapport langagier à autrui, l'image du corps constitue le moyen, le pont de la communication interhumaine. C'est ce qui explique, à l'inverse, que le vivre dans un schéma corporel sans image du corps soit un vivre muet, solitaire, silencieux, narcissiquement insensible, aux limites de la détresse humaine : le sujet autiste ou psychotique reste captif d'une image incommunicable, image animale, végétale ou image de chose, où ne peut se manifester qu'un être-animal, un être-végétal ou un être-chose, respirant et pulsatile, sans plaisir ni peine. [...] *C'est par la parole que les désirs révolus ont pu s'organiser en image du corps*, que des souvenirs passés ont pu affecter des zones du schéma corporel, devenues de ce fait zones érogènes, alors

1. 1984 *a*, p. 22-23 (souligné par l'auteur).

même que l'objet du désir n'est plus là. Je tiens à insister sur le fait que, *s'il n'y a pas eu de paroles, l'image du corps ne structure pas le symbolisme du sujet, mais fait de celui-ci un débile idéatif relationnel*[1]. »

Par le biais de la notion d'image du corps Dolto étend par conséquent le champ langagier à des périodes du développement antérieures à celle de la parole articulée. Ainsi un enfant *dit* véritablement quelque chose sur lui-même dans ses dessins, puisque ce qu'il dessine « c'est toujours son image du corps ». En retour, si les paroles du thérapeute, ou des parents, peuvent avoir des effets authentiquement symbolisants alors même que l'enfant ne parle pas, ce sera dans la mesure où elles soutiendront un *dire* sur l'image du corps de l'enfant, un *dire* sur sa jouissance de corps ou sur les interdits qu'il faut y mettre dans l'ordre du désir. Il faut par conséquent se garder du malentendu qui peut s'attacher au terme « image » du concept de Dolto. L'image du corps n'est pas une représentation, elle a en revanche des représentations possibles, dans les réalisations plastiques en particulier. L'image du corps est pour Dolto une synthèse, un pur concept destiné à désigner ce qui échapperait autrement à toute compréhension possible, à savoir le sujet s'incarnant dans l'espace et le temps.

Telle qu'elle est définie par Dolto, l'image du corps ne peut être confondue avec le processus de mentalisation du corps habituellement désigné par « schéma corporel ». Le corps du schéma corporel, c'est le corps réel, matériel et objectivable. Celui de la biologie, de la physiologie et de l'expérience immédiate. Le schéma corporel se structure dans l'apprentissage et l'expérience, « il est en quelque sorte notre vivre charnel au contact du monde physique[2] ». Toutefois, et bien que de natures différentes, image du corps et schéma corporel interfèrent et se nouent. En profondeur d'abord dans ce que Dolto appelle le « narcissisme fondamental » : la dimension du narcissisme où le désir de vivre vient rencontrer les fonctions végétatives et physiologiques indispensables à la survie. On a vu aussi que l'image du corps peut atteindre le schéma corporel même si celui-ci n'est pas objectivement altéré : « L'utilisation adéquate du schéma corporel peut se trouver annulée,

1. 1984 *a*, p. 41 (souligné par l'auteur).
2. 1984 *a*, p. 18.

entravée, par une libido liée à une image du corps inappropriée, archaïque ou incestueuse[1].» Inversement, une image du corps dynamique et vivante peut cohabiter avec un schéma corporel infirme, sous réserve que son handicap ait été dit à l'enfant: «Il faut qu'il puisse, dans le langage mimique et la parole, exprimer en fantasmes ses désirs, qu'ils soient réalisables ou non selon son schéma corporel infirme[2].» Parce que la vitalité du désir lui vient d'être reconnu, «que ses désirs soient ainsi parlés à quelqu'un qui accepte avec lui ce jeu projectif permet au sujet d'intégrer dans le langage ses désirs malgré la réalité, l'infirmité quant à son corps: et le langage lui apporte la découverte de moyens personnels de communication[3]».

Les images du corps : image de base, image fonctionnelle, image érogène, image dynamique

Au cours de son travail sur l'image du corps, Dolto affine progressivement son approche globale des débuts pour insister sur chacune des facettes de son concept. La première distinction introduite distingue l'image du corps de la survie et du végétatif, *l'image de base*, de l'image du corps du sujet en tension de désir et en mouvement, *l'image fonctionnelle*. Dolto ajoute ensuite un troisième aspect à l'image du corps plus spécifiquement organisée dans la logique des zones érogènes, *l'image érogène*. Elle complète enfin cet ensemble par une notion plus abstraite, celle d'*image dynamique*, qui recouvre les trois autres et qui représente en quelque sorte la dynamique du désir lui-même. Les trois premières facettes de l'image du corps ont leur correspondance dans l'ordre des pulsions, la quatrième échappe par définition à ce système. Il faut bien comprendre que ces images du corps ne sont que des modalités d'approche d'une seule et même image du corps et en aucun cas des instances isolables, elles sont indissociables et intriquées. Elles correspondent à la fois aux différents niveaux d'engagement du désir dans la relation et aux différents niveaux

1. 1984 *a*, p. 18.
2. 1984 *a*, p. 19.
3. 1984 *a*, p. 19.

d'interprétation de l'analyste face aux actualisations de l'image du corps.

L'image de base est à relier au narcissisme dans son état le plus archaïque, le narcissisme fondamental ou primordial. Elle est « ce qui permet à l'enfant de se ressentir dans une "mêmeté d'être", c'est-à-dire dans une continuité narcissique, dans une continuité spatio-temporelle qui demeure et s'étoffe depuis sa naissance [...] ; l'image de base est fondamentalement "référée à", "constitutive de", ce que j'appelle le narcissisme primordial[1] ».

Du point de vue pulsionnel, l'image de base est le lieu électif des pulsions de mort dans la définition que leur donne Dolto : « C'est le lieu où les pulsions de mort libèrent la pacification, c'est-à-dire le lieu du sommeil véritablement réparateur végétatif, non troublé par le désir et dans lequel les pulsions de mort peuvent sans danger être pleinement acceptées par le sujet[2]. » L'attaque de l'image de base entraîne en revanche le surgissement de représentations perçues comme menaçant la vie elle-même : « Il apparaît un état phobique, moyen spécifique de défense contre un danger ressenti comme persécutif[3]. » Soulignons déjà que Dolto met au centre de la psychose ces phobies massives liées à la mise en danger de l'image de base.

L'image fonctionnelle se comprend en complément de l'image de base : « Alors que l'image de base a une dimension statique, l'image fonctionnelle est une image sthénique d'un sujet qui vise à l'accomplissement de son désir[4]. » C'est celle de l'individu en relation avec le monde environnant, celle qui soutient les expériences sensori-motrices de l'enfant en relation avec la dynamique musculaire du stade anal.

L'image érogène soutient le corps engagé dans la quête du complément : « Elle est, associée à telle image fonctionnelle du corps, le lieu où se focalise plaisir ou déplaisir érotique dans la relation à l'autre[5]. » Elle est associée au cours du développement aux zones érogènes décrites par Freud.

L'image dynamique enfin est à rapprocher du « projet », du

1. 1984 *a*, p. 50.
2. 1987 *e*, p. 28.
3. 1984 *a*, p. 55.
4. 1984 *a*, p. 155.
5. 1984 *a*, p. 57.

« désir d'être et de persévérer ». Elle noue les trois autres : « L'image dynamique *n'a donc pas de représentation qui lui soit propre, elle est tension d'intention* ; sa représentation, ce serait le mot "désir" conjugué comme un verbe actif, participant et présent au sujet, en tant qu'incarnant le verbe aller, au sens d'allant-désirant, accolé à chacune des trois images en communication actuelle ou potentielle avec les deux autres. *L'image dynamique exprime en chacun de nous l'Étant, appelant l'Advenir : le sujet en droit de désirer, j'aimerais dire en "désirance"*[1]. » Elle apparaît de manière indirecte dans les dessins d'enfant, « dans ces images de balistique que les enfants représentent avec des fusils ou des canons, en montrant que de ce fusil ou de ces canons partent des petits points pour atteindre l'objet de la cible[2] ».

Dans cette approche presque naturaliste des facettes de l'image du corps on voit se dessiner l'ébauche d'une clinique psychanalytique de l'image du corps, ainsi que celle d'une théorisation de la cure analytique. On devine que l'image du corps permettra à la fois d'établir la nature et la fonction du symptôme dans l'ordre du désir et de désigner à l'analyste la nature du transfert et le point d'impact de ses interprétations. Mais, avant d'en arriver là, Dolto doit donner son statut à la parole dans ses effets sur l'image du corps, ce que va lui permettre le concept de castration symboligène.

1. 1984 *a*, p. 58 (souligné par l'auteur).
2. 1984 *a*, p. 58.

3

LES CASTRATIONS SYMBOLIGÈNES

Le concept de castration symboligène

La référence à la castration en tant que concept psychanalytique central apparaît dans l'œuvre de Dolto dès sa thèse, *Psychanalyse et pédiatrie : le complexe de castration, étude générale, cas cliniques*. On se souvient qu'elle en donnait déjà une définition plus extensive que celle de ses collègues psychanalystes de l'époque : « Castration, au sens psychanalytique, signifie alors "frustration de possibilités hédoniques" ; frustration de possibilités de recherche du plaisir. Nous verrons que l'hédonisme n'est pas centré sur les mêmes zones corporelles aux différents stades du développement[1]. » Dolto tendait à détacher la notion de castration de son ancrage dans le stade œdipien pour en produire une lecture élargie, déjà plus structurale et relationnelle que strictement génétique. L'introduction du concept d'image du corps lui permet de développer cette hypothèse en articulant chaque stade freudien à une castration et à la mutation de l'image du corps qui en résulte.

Le maintien de la référence aux stades dans son système théorique fut interprété par Lacan et beaucoup d'autres comme la persistance chez Dolto d'une conception psychogénétique, comme une référence maintenue au moi plutôt qu'au sujet. On retrouve dans deux des séminaires de Lacan la trace des critiques qu'on lui fit alors : « [...] le grand secret de la psychanalyse, c'est qu'il n'y a pas de psychogenèse. [...] Une autre manière d'exprimer les

1. 1939, p. 18.

choses, et qui va beaucoup plus loin, c'est de dire que le psychologique, si nous essayons de le serrer au plus près, c'est l'éthologique[1]. » Lacan réfute tout « stadisme », dans la mesure où il y voit un effet de colmatage de la question du sujet telle qu'il l'a formulée autour du stade du miroir : « La description des stades, *formateurs de la libido*, ne doit pas être référée à une pseudo-maturation naturelle, qui reste toujours opaque. Les stades s'organisent autour de l'angoisse de castration. Le fait copulatoire de l'introduction de la sexualité est traumatisant – voilà un accroc de taille – et il a une fonction organisatrice pour le développement. L'angoisse de castration est comme un fil qui perfore toutes les étapes du développement. Elle oriente les relations qui sont antérieures à son apparition proprement dite – sevrage, discipline anale, etc. Elle cristallise chacun de ces moments dans une dialectique qui a pour centre une mauvaise rencontre. Si les stades sont consistants, c'est en fonction de leur registration possible en termes de mauvaise rencontre[2]. » Maud Mannoni quant à elle évoque à propos des stades le « mythe théorique » de Dolto et renvoie cet aspect de son œuvre à celle du Freud des débuts[3] ! Tout cela n'a rien d'anecdotique et représente au contraire la critique théorique principale qui sera faite à Dolto par ses collègues lacaniens.

Il faut là encore repérer un malentendu plutôt qu'une véritable divergence de fond, car Dolto n'est pas « stadiste » au sens orthodoxe. Pour Freud les stades correspondaient à des étapes pulsionnelles du développement psychosexuel de l'enfant accordées aux zones érogènes et aux relations objectales successives. Si Dolto garde ces références, elle les enrichit en revanche en introduisant la dimension du désir par le biais de l'image du corps. Une fois de plus Dolto intègre les apports freudiens et lacaniens, mais en use dans une perspective qui respecte son hypothèse fondamentale à propos du sujet. La théorie de Dolto ne renvoie pas à une hypothétique maturation du sujet, mais aux moments clés de la dialectique du sujet et du corps, du désir et des pulsions. Dolto réinterprète chaque stade freudien à l'aune des apports lacaniens sur la nature symbolique du désir et langagière du sujet et substitue à la notion

1. Lacan J., 1981, p. 15-16.
2. Lacan J., 1973, p. 62 (souligné par l'auteur).
3. Mannoni M., 1982, p. 159.

de stade celle de mutation de l'image du corps. Elle porte dès lors toute son attention aux agents symboliques de cette mutation.

La référence au désir, devenu l'axe directeur du développement, permet de repenser chaque stade à partir d'une dialectique du désir et de la loi en lieu et place d'une dialectique de la pulsion et de sa frustration : « Ces qualificatifs oral, anal, génital, ne réduisent pas le désir au plaisir du corps seulement ni ne le morcellent. Ces termes, oral, anal, génital, disent un mode de rencontre avec autrui associé dans l'inconscient à ces lieux du corps qui sont devenus source d'excitation sexuelle. Pourquoi ? Parce qu'ils ont été marqués de notre manque, parce qu'ils ont crié notre manque physique et affectif dans notre enfance : par nos appels, nous espérions d'un autre un apaisement. Ce sont les endroits privilégiés du corps autour desquels se tissent les liens affectifs. Le désir s'y exprime, toujours insatisfait[1]. » À chaque stade pulsionnel décrit par Freud, Dolto va dès lors associer une modalité de la loi dans l'ordre du désir, un point de butée qui va entraîner la mutation de l'image du corps. On reconnaît ici la définition élargie de la castration que Dolto donnait dans sa thèse et qu'elle va dès lors étendre à l'analyse des stades préœdipiens en introduisant la notion de « castration symboligène ».

Dès les premières heures de la vie, l'enfant dépend de la relation interpsychique qu'il a avec sa mère ; il y va à la fois du désir de l'enfant et des réponses que lui donne sa mère en référence à son propre désir. Il ne suffit pas que les soins nécessaires à la survie soient prodigués au nourrisson pour qu'il advienne à son autonomie. La mère, ou la personne tutélaire, a une part active dans son développement, elle doit véritablement « l'initier à son désir », selon la formule de Dolto. Dans la mesure où désir et besoins sont intriqués autour des zones érogènes, il faut que soient signifiées à l'enfant leurs différences radicales, faute de quoi le désir reste aliéné à la satisfaction répétitive des besoins, et le sujet, prisonnier d'une image du corps archaïque. Seul un interdit posé à la poursuite de la satisfaction avec un même objet et dans les mêmes formes engage la mutation de l'image du corps. Quand l'interdit est signifié aux étapes critiques du développement, sevrage, découverte de la continence sphinctérienne et œdipe, il a valeur de cas-

1. 1978*f*, p. 70.

tration, nous dit Dolto : « Processus qui s'accomplit chez un être humain lorsqu'un autre être humain lui signifie que l'accomplissement de son désir, sous la forme qu'il voulait lui donner, est interdit par la loi[1]. » Françoise Dolto introduit le terme de castration à chacune des étapes antérieures à l'œdipe en leur reconnaissant la même structure que la castration génitale œdipienne, même si leur actualisation est de nature différente. Ce serait un contresens de réduire ces castrations « préœdipiennes » à des « précastrations » œdipiennes : « Chacune de ces castrations "préœdipiennes" initie le sujet désirant à la puissance de son désir, qui est une valeur, en même temps qu'il s'initie à la loi[2]. » Les interdits portant sur certaines modalités d'obtention de la satisfaction s'inscrivent bien en référence à la loi dès les premières étapes : « La castration, qu'elle concerne les pulsions orales, anales ou génitales, consiste à donner les moyens à un enfant de faire la différence entre l'imaginaire et la réalité autorisée par la loi, et ce, aux différentes étapes précitées[3]. » Les castrations préœdipiennes s'inscrivent dans une dialectique de l'initiation au symbolique et de l'accès à la symbolisation, ce que Dolto souligne en ajoutant au terme de castration le néologisme dynamique « symboligène » : « Il ne s'agit pas de mutilations mais, sur certaines modalités de l'accomplissement du désir, d'interdits à effet "symboligène", mot qui n'est pas dans le dictionnaire mais qui devrait y être. Les interdits visent ce qui serait nuisible, à court ou à long terme, au sujet ou aux autres. Tout être humain est inconsciemment mû par le désir de croître et de devenir. "Là où tu es, je veux advenir", tel est son mode inconscient de relation à l'adulte. Oui, répond la réalité, représentée par les parents éducateurs, mais à condition de lâcher prise au plaisir auquel tu te complais, pour découvrir le plaisir qui est dévolu à qui tu seras, et dont moi, ton père ou ta mère, je suis le garant ; tu ne peux y accéder qu'en renonçant à ta sécurité actuelle, celle que tu dois au plaisir connu. Le désir, en tant qu'humanisant, comporte donc toujours le risque comme condition d'accès [...][4]. » Chacune des castrations préœdipiennes est donc tout à la fois symbolique et symboligène : symbolique parce qu'elle ne relève pas d'une loi locale, mais de la

1. 1984 *a*, p. 78.
2. 1984 *a*, p. 79.
3. 1982 *b*, p. 45.
4. 1969 *a*, p. 301.

loi du désir, symboligène parce que le plaisir interdit doit être symbolisé après qu'une castration est donnée. Il est par conséquent fondamental, pour qu'une castration prenne sens pour l'enfant, qu'elle lui soit délivrée, ou « donnée » comme le dit Dolto, par un adulte lui-même inscrit dans la loi. *Donner une castration* n'est pas simplement frustrer, c'est conduire l'enfant à symboliser la satisfaction interdite et le lien abandonné par des paroles référées à la loi, ce qui confère aux adultes une tâche qui dépasse de loin la fonction nourricière dans laquelle ils peuvent, ou veulent, se laisser enfermer, ce que Jenny Aubry pointe justement : « L'idée qu'une castration est "donnée" organise bien mieux la réflexion sur la relation maternelle à l'enfant ; en effet, cette dialectique de la castration n'est possible qu'à s'étayer sur la division que la mère doit pouvoir assumer et utiliser dans la relation à son enfant : elle est, d'un côté, objet total, Mère primordiale, mais aussi sujet et, en tant que tel, sujet dans le langage, alors non seulement verbal, mais aussi gestuel ; agissant sur le monde objectal, à travers ces épreuves que sont les castrations, elle donnera à celles-ci leur valeur et leur fonction symbolique, du fait même qu'elle en parlera ; car ce qu'elle dit tout à la fois réalise cette castration et la pose comme *productrice*[1]. » La notion de castration symboligène n'a absolument pas pour conséquence d'instaurer l'adulte dans la maîtrise d'un savoir sur la loi ou sur l'inconscient, puisqu'elle le renvoie au contraire à sa propre inscription dans la loi, à son propre désir et donc à sa propre histoire inconsciente. Certains, en effet, ont reproché à Dolto, à propos des castrations symboligènes, d'avoir subverti la psychanalyse en un savoir pédagogique en les assimilant à des conseils éducatifs. C'était oublier que Dolto insiste au contraire sur les effets « pervertissants » de castrations données par des adultes névrosés, qui les réduisent alors à un dressage tout en continuant à autoriser des satisfactions érotiques archaïques.

1. Aubry J., 1988, p. 174-175 (souligné par l'auteur).

Les castrations symboligènes

La castration ombilicale

La toute première castration, et la première mutation de l'image du corps, survient à la naissance ; c'est ce que Dolto désigne comme la dynamique de la castration ombilicale : « La césure ombilicale origine le schéma corporel dans les limites de l'enveloppe qui est la peau, coupée du placenta et des enveloppes incluses dans l'utérus, et à lui laissées. L'image du corps, originée partiellement dans les rythmes, la chaleur, les sonorités, les perceptions fœtales, se voit modifiée par la variation brusque de ces perceptions ; en particulier la perte, pour les pulsions passives auditives, du double battement du cœur qu'*in utero* l'enfant entendait[1]. » La naissance s'accompagne de l'audition du prénom, de la nomination du sexe associées à la perception des affects des parents, ensemble traces symboligènes de la venue au monde : « Les syllabes premières qui nous ont signifiés sont pour chacun de nous le message auditif symbole de notre naissance[2]. » La castration ombilicale de l'enfant coïncide avec la castration imaginaire des parents tenus d'accepter cet enfant de sexe donné et de lui choisir un prénom, temps symboligène sanctionné par l'inscription de l'enfant à l'état civil. Dolto ne revient pas par le détour de la castration ombilicale à la notion de traumatisme de la naissance, la naissance n'est pas traumatique en elle-même, elle le devient seulement si des paroles ne sont pas venues symboliser cette expérience pour l'enfant et ses parents.

Le fruit de la castration ombilicale, c'est le transfert de prévalence érogène de la région ombilicale à la région orale : « La castration ombilicale, c'est la castration du fusionnel, qui est alors symbolisée par la relation à deux, dont l'un, la mère, est tout à fait entier, et l'autre, le bébé, a besoin d'un objet partiel.

Mais cet objet n'est plus ombilical, il est la sublimation de la relation ombilicale qui est la relation à la nourriture liquide passant par la bouche au lieu de passer par l'ombilic.

1. 1984 *a*, p. 90.
2. 1984 *a*, p. 93.

Il y a transposition : la nourriture vient par la bouche, l'ombilic est castré, mais il est transposé dans des pulsions vitales qui sont satisfaites par la bouche. Quant aux pulsions d'expulsion vitale excrémentielles, elles prolongent l'expulsion *in utero* de l'urine[1]. »

La castration orale

La castration orale est associée au sevrage. Son fruit le plus manifeste est l'acquisition du langage articulé : « Deuxième des grands renoncements typiques imposés à l'enfant, la castration orale signifie la privation imposée au bébé de ce qui est pour lui le cannibalisme vis-à-vis de sa mère [...]. Cette castration (sevrage), lorsqu'elle est judicieusement donnée, aboutit au désir et à la possibilité de parler, et donc à la découverte de nouveaux moyens de communication, dans des plaisirs différents, avec des objets dont l'incorporation n'est pas ou plus possible[2]. » Le langage articulé représente la mutation progressive vers la symbolisation du corps à corps avec la mère : « [...] le langage devient symbolique de la relation corps à corps, circuit court de l'enfant à la mère, en se mutant en circuit long, par le subtil des vocalisations et du sens de ces mots qui recouvrent des perceptions sensorielles différentes, mais toutes “mamaïsées” par la voix de la mère, la même que lorsqu'il était au sein[3]. »

La castration orale échoue si le sevrage n'est pas soutenu par une mère elle-même « castrée » dans son désir oral, c'est-à-dire une mère capable de communiquer avec son enfant autrement qu'en lui donnant à manger ou en le couvrant de baisers et de caresses, une mère capable de susciter et de soutenir une communication à distance avec son enfant : « Le sevrage peut être un événement euphorisant pour le bébé et pour la mère si, sur un fond connu de communication substantielle – c'est-à-dire maintenant le téter au biberon – et d'image fonctionnelle de succion [...], l'enfant et la mère conservent ensemble ce qui demeure spécifique de leur lien psychique, manifesté par leur présence conjuguée. Est lien sensori-psychique pour le bébé l'odeur du corps de la mère proche, sa voix,

1. 1982 *b*, p. 59.
2. 1984 *a*, p. 99.
3. 1984 *a*, p. 102.

sa vue, son regard, ses rythmes, tout ce qui se dégage d'elle pour lui dans le portage et qu'il peut percevoir dans leur corps à corps[1].»

Le tabou du cannibalisme, premier des trois tabous fondateurs de la société humaine, est le représentant socialisé de la loi inconsciente attachée à la castration orale.

La castration anale

La castration anale coïncide avec l'acquisition de la maîtrise sphinctérienne, mais l'apprentissage de la propreté en est un des fruits et non l'enjeu. Dolto insiste en effet beaucoup sur ce point : la maîtrise des sphincters vient spontanément dès que la maturation du système nerveux le permet, vers vingt-quatre mois, quand l'enfant a acquis la maîtrise du système musculaire du bassin et des jambes. L'éducation à la propreté ne concerne donc pour Dolto que l'apprentissage des comportements associés à l'excrémentation et non la continence elle-même.

L'acquisition de la maîtrise sphinctérienne signe en revanche la capacité de l'enfant de recevoir la «castration anale» qui porte sur la maîtrise musculaire en général et, de façon métaphorique, sur l'exercice du «faire». Le «faire-seul», métaphore de l'autonomie : «La castration anale, c'est la séparation entre l'enfant, devenu capable de motricité volontaire et agile, et l'assistance auxiliaire de sa mère pour tout ce qui est le "faire" nécessaire à la vie dans le groupe familial : c'est l'acquisition de l'autonomie, "moi-tout-seul", "moi-pas-toi"[2].» Et le «faire aux autres», métaphore des relations agressives avec les autres : «C'est l'interdit signifié à l'enfant de tout "agir" nuisible, de "faire" à un autre ce qu'il n'aimerait pas qu'on lui fasse[3].» Donner la castration anale, pour Dolto, c'est donc soutenir l'investissement de la motricité consciente de l'enfant dans un «faire» constructif et créatif : «Une castration anale sainement donnée, c'est-à-dire non centrée sur le pipi-caca, mais sur la valorisation de la motricité corporelle et manuelle, doit permettre à l'enfant de substituer aux plaisirs excrémentiels (limités)

1. 1984 *a*, p. 106-107.
2. 1984 *a*, p. 107.
3. 1984 *a*, p. 108.

la joie de faire, de manipuler les objets de son monde [...]. Le déplacement d'objets extérieurs, et son déplacement autonome dans l'espace, c'est pour l'enfant une métaphore langagière [...] du péristaltisme digestif, qui faisait avancer l'objet alimentaire de la bouche à l'anus[1]. »

Le rapprochement classique entre sadisme et analité ne renvoie dans cette perspective qu'à des modalités perverses de castration anale : dressage coercitif à la propreté ou contraintes portant sur l'autonomie motrice. C'est seulement si la castration anale est mal donnée, ou pas donnée du tout, que la maîtrise de soi s'inverse en maîtrise de l'autre, comme dans cet exemple d'un enfant trop porté dans les bras : « Parce qu'il ne fait que des expériences visuelles, imaginaires, par procuration, en s'identifiant à autrui, sans aucune expérience réelle de sa petite masse à lui, [...] l'enfant va vers une inexpérience totale de son schéma corporel en même temps qu'il développe le fantasme de toute-puissance d'une image du corps purement narcissique orale, sans expérience motrice, qui va le rendre de plus en plus inhabile, inexpérimenté[2]. »

Le deuxième tabou fondateur de la société humaine, l'interdit du meurtre, est la formule sociale de la castration anale.

Le stade du miroir

Il peut paraître surprenant de voir surgir au sein de la série des castrations, fidèle jusque-là à son modèle freudien, la référence lacanienne au stade du miroir. On le comprend fort bien, en réalité, si on se souvient que le stade du miroir est pour Dolto le modèle structural qui a fondé le concept d'image du corps. Dans la mesure où Dolto met l'accent sur le désir à chaque stade, il devient évident que le stade du miroir prend une place éminente dans la série génétique des mutations de l'image du corps en tant qu'il institue une relation tout autre du sujet au corps propre.

Il reste que l'inscription du stade du miroir dans la série des castrations symboligènes entraîne un certain nombre de différences d'interprétation avec Lacan, que Dolto souligne elle-même, exceptionnellement, grâce à un long dialogue avec J.-D. Nasio[3].

---

1. 1984 *a*, p. 124-131.
2. 1984 *a*, p. 259.
3. 1987 *e*.

La première différence concerne l'appréciation de l'impact affectif pour l'enfant de la rencontre avec son image spéculaire. Lacan insiste sur la jubilation accompagnant cette vision unitaire anticipée, alors que Dolto met plutôt l'accent sur l'épreuve traversée par l'enfant face à l'écart entre son image du corps et l'image réfléchie. C'est ce point qui lui fait assimiler le stade du miroir à une épreuve et une nouvelle castration.

La deuxième différence tient au «caractère de *surface plane* et visuellement réfléchissante du miroir chez Lacan, en opposition au caractère de *surface psychique* omni-réfléchissante de toute forme sensible, du miroir chez Dolto[1]». En effet, ce qui importe pour elle, c'est autant la rencontre de l'enfant avec sa propre image sur le miroir plan que la rencontre de lui-même tel qu'il est vu par l'autre sur le «miroir de son être dans l'autre [...], surface de réflexion non seulement du visible mais aussi de l'audible, du sensible et de l'intentionnel[2]».

La dernière différence concerne l'évaluation des effets sur le narcissisme de l'enfant de la rencontre de son corps dans le miroir. Pour Lacan l'enfant a une représentation morcelée de lui-même avant cette expérience ou, plus exactement, les fantasmes de corps morcelé renvoient à l'éprouvé préspéculaire du corps propre. Pour Dolto, dans la mesure où l'enfant s'éprouve «cohésif» avant le stade du miroir dans ce qu'elle appelle son narcissisme primordial, le stade du miroir ne fait que prolonger ce continuum dans une autre forme de narcissisme, le narcissisme primaire, dont l'avènement signe l'assujettissement de l'image du corps à l'image spéculaire.

La castration du miroir complète par ailleurs la castration anale en confirmant à l'enfant la différence et l'écart entre son corps et celui de sa mère : «*L'image du corps s'est donc élaborée comme un réseau de sécurité langagière avec la mère.* Ce réseau personnalise les expériences de l'enfant, quant à l'olfaction, la vue, l'audition, les modalités du toucher, selon les rythmes spécifiques de l'habitus maternel. *Mais il n'individualise pas l'enfant quant à son corps*; car les limites spatiales de ses perceptions langagières sont floues : il est aussi sa mère, sa mère est aussi lui [...]. *C'est l'expé-*

1. Nasio J.-D., 1978 *f*, p. 44 (souligné par l'auteur).
2. 1984 *a*, p. 148.

rience du miroir seulement qui donne à l'enfant le choc de saisir que son image du corps ne suffisait pas à répondre pour les autres de son être connu d'eux[1].» Un énoncé qu'elle avait formulé en d'autres termes quelques années plus tôt: «L'expérience du miroir, si elle est surmontée par lui, sans qu'il soit tombé dans le piège, a joué comme une castration symboligène; car elle a séparé l'enfant de son illusion d'être co-corporel jusqu'à la confusion avec sa mère ou tout autre objet désiré. Elle lui confère son identité par la pérennité de son visage inchangeable. [...] L'expérience du miroir, dans le cas où l'enfant a dépassé la surprise de ne pas rencontrer un autre enfant vivant et celle de découvrir quel est l'aspect de sa personne pour autrui, lui permet d'acquérir une autonomie jusque-là impossible, parce qu'il s'est découvert dans sa totalité intègre, et jusqu'en l'absence de toute compagnie. L'enfant se découvre dissociable de la nécessaire auxiliatrice qui, jusque-là, était indispensable pour qu'il ait un sentiment de complétude[2].»

Une autre conséquence majeure de la «castration du miroir» est que l'image spéculaire entraîne le refoulement de l'image du corps, ce que Dolto souligne quand elle appelle son concept image *inconsciente* du corps. En imposant une identification à un corps représentant humain, le stade du miroir a pour effet d'aliéner le moi à l'image spéculaire et de préparer le refoulement de l'image du corps, qui ne sera définitif toutefois qu'après l'œdipe. Au-delà des questions de vocabulaire, et du fait que Dolto ne se tient pas toujours dans ses textes à cette distinction théorique entre image du corps et image *inconsciente* du corps[3], utilisant parfois indifféremment image du corps et image inconsciente du corps, son hypothèse ouvre la voie à de sérieux débats théoriques. Il n'est pas certain, en effet, que la référence à l'inconscient contenue dans le concept de Dolto se limite à la notion de refoulement de l'image du corps préspéculaire, et l'on peut à juste titre s'interroger sur le statut même de l'inconscient dans l'œuvre de Dolto. On peut se demander si l'image du corps ne serait pas l'inconscient lui-même,

1. 1984 *a*, p. 150-151 (souligné par nous).
2. 1969 *a*, p. 304.
3. Une distinction qui n'a pas été retenue non plus pour la rédaction de cet ouvrage, la notion d'image *inconsciente* du corps demandant, pour être utilisée de façon pertinente, que la réflexion soit plus avancée qu'elle ne l'est aujourd'hui sur la question des liens entre image du corps de Dolto et inconscient freudien.

si l'inconscient ne serait pas pour Dolto de cette double nature sujet-corps qu'elle donne à l'image du corps, si Dolto enfin n'a pas implicitement produit une véritable « théorie corporelle du langage » – selon l'expression de Gérard Guillerault, qui a engagé une recherche dans ce sens[1]. La question reste ouverte pour l'instant.

La castration primaire

Avec la castration primaire la série des castrations symboligènes décrites par Dolto retrouve le fil de la théorie freudienne classique. On sait que la castration primaire est liée à la découverte de la différence des sexes. Une différence déjà inscrite dans le langage et dans le narcissisme d'après Dolto, mais qui n'a pas encore été référée au corps propre. La castration primaire prolonge ainsi l'individuation amorcée par la castration anale, puis l'épreuve du miroir, en confrontant le désir de l'enfant à sa détermination sexuée.

Pour les enfants de l'un et l'autre sexe ce moment est une nouvelle épreuve narcissique. Seules des paroles explicatives des adultes confirmant leur observation leur permettront d'y attacher fermement leur narcissisme primaire : « Les paroles vraies qui réfèrent la conformité de son sexe à un avenir d'homme ou de femme, c'est cela qui donne valeur de langage et valeur sociale à son sexe et à lui-même[2]. » Pour apprécier toute la portée des propos de Dolto, il faut savoir qu'elle défend l'idée d'un enracinement sexué et différencié du narcissisme *antérieur* à la castration primaire, qui vient donc en fait confirmer un éprouvé, et non le contraindre.

Au moment de la castration primaire, l'enfant s'initie en même temps aux rôles parentaux dans la conception et aux systèmes symboliques de la parenté, en réponse à ses questions : « *C'est à ce moment-là qu'il doit être révélé en paroles que le père et la mère sont autant impliqués et responsables l'un que l'autre dans la fécondité, c'est-à-dire dans la conception de l'enfant [...]. C'est la connaissance de l'union sexuelle qui lui fait comprendre le sens symbolique des mots de la parentalité de corps, de la parentalité affective ou de cœur, et de la parentalité sociale*[3]. »

1. Guillerault G., *Le corps psychique*, 1982.
2. 1984 *a*, p. 166.
3. 1984 *a*, p. 174-176 (souligné par l'auteur).

La castration génitale œdipienne

La castration génitale œdipienne ouvre le désir génitalisé à des réalisations sociales et familiales après que l'interdit de l'inceste est accepté. La castration œdipienne est la seule qui ne s'articule pas à un déplacement de zone érogène, mais à la valorisation de la zone érogène impliquée. Il vient d'être évoqué le fait que pour Dolto l'enfant a un narcissisme sexuellement différencié antérieurement à la castration primaire, qui n'a fait que le confirmer. Cette position conduit Dolto à apporter un nouvel éclairage sur la question des différences entre l'œdipe du garçon et celui de la fille. Le garçon qui entre dans l'œdipe a encore une image du corps « pénienne, urétrale, centrifuge », l'interdit de l'inceste posé et signifié par le père en amène la mutation : « C'est par la parole du père et les exemples donnés par lui du respect des femmes, de sa femme et de ses filles, que le garçon saisit la différence entre son désir urétro-anal de se rendre maître du corps de l'autre, de le percuter agressivement pour se sentir viril, et le fait de donner un jour la vie [...]. Les garçons transposent l'agression pénienne de type centrifuge, inconsciemment ou pré-inconsciemment désirée, sur l'activité manuelle, l'activité intellectuelle, l'activité de tout leur corps ludique et industrieuse[1]. » À l'entrée dans l'œdipe, la fille en revanche « n'a pas les pulsions actives centrifuges péniennes du garçon. Par rapport au phallus, ses pulsions sont centripètes. Elle attire à elle. Elle guette l'objet qui représente pour elle la jouissance et qu'elle veut prendre pour elle[2]. » À cette image du corps attractive répond une attitude attractive et séductrice vis-à-vis du père. La fille a de ce point de vue une attitude « perverse », nous dit Dolto : « Elles sont "perverses" au sens de séductrices, pour faire contourner la loi par l'autre, à partir du moment où elle leur a été signifiée [...]. Ceci vient de ce que les filles ont découvert que leur pouvoir de séduction tient à leur acceptation de n'avoir pas de pénis et à leur désir qu'un autre le leur donne : non pas pour avoir le pénis, mais pour être maîtresse de qui l'a et pourra ainsi les satisfaire[3]. » Dolto considère par conséquent que, si le dire de la prohi-

1. 1984 *a*, p. 189.
2. 1984 *a*, p. 193.
3. 1984 *a*, p. 194.

bition de l'inceste fait *sortir* le garçon de l'œdipe, il fait en revanche *entrer* la fille dans l'œdipe et « la survolte dans son langage et dans les symbolisations orales et anales du dire et du faire, par quoi arriver à transgresser l'interdit, ou plutôt à le faire transgresser par l'adulte [1] ».

Pour le garçon comme pour la fille, la résolution de la crise œdipienne marque l'avènement d'une image du corps définitivement liée à un corps humain et sexué, une image du corps devenue inconsciente marquée des castrations successives : « L'image du corps, après l'œdipe seulement, est projetable dans la représentation humaine complète. Le moi du sujet est alors définitivement lié à l'image spécifique humaine monosexuée, conforme à la physiologie du corps matériel [2]. »

1. 1984 *a*, p. 195.
2. 1969 *a*, p. 74.

4

LA THÉORIE PSYCHANALYTIQUE À L'ÉPREUVE DES CONCEPTS DE FRANÇOISE DOLTO

L'introduction par Françoise Dolto des notions d'image du corps et de castrations symboligènes entraîne toute une série de modifications dans son usage de plusieurs notions freudiennes ou lacaniennes de la psychanalyse. Il s'agit quelquefois de simples amendements, mais d'autres fois ce sont des interprétations tout à fait originales, en particulier à propos de la sexualité féminine et des pulsions de mort.

Image du corps et instances de la personnalité

En cohérence avec son idée que l'image du corps s'organise dès la conception, Dolto est conduite à poser que chacune des instances de la personnalité, à l'exception de l'idéal du moi, a son précurseur préœdipien.

Dolto repère ainsi les prémisses du *moi* dans le langage à partir du moment où l'enfant peut dire « moi ». Jusqu'à la résolution de l'œdipe il ne s'agit en fait que d'un « pré-moi », le vocable « moi » et le prénom restent attachés à une image du corps qui n'a pas traversé la castration œdipienne. Ce n'est qu'après l'œdipe, on l'a vu, que le moi se trouve définitivement lié au nom patronymique et à un corps sexué.

Le *surmoi* a également pour Dolto des précurseurs pré-œdipiens, des « pré-surmoi » construits sur l'intériorisation des interdits à la satisfaction de pulsions prégénitales. À chaque stade le surmoi a par conséquent une forme accordée au stade précédent, dont il est le fruit : « Par exemple, au stade anal, c'est-à-dire au moment de la motricité et du faire où se joue la conquête du corps dans l'espace, le pré-surmoi apparaît dans certains dessins comme une gueule dentée se promenant dans l'air[1]. »

Le surmoi génital est héritier du complexe d'Œdipe et protège le moi de toutes satisfactions incestueuses : « Le surmoi a donc pour effet de réveiller l'angoisse de castration au cas où le moi serait tenté de ruser avec elle ou de détourner la loi, même en fantasmes[2]. »

Le *moi-idéal* se constitue en identification à un être vivant. Cette instance focalise le moi sur le « être comme ». Aux « pré-moi » Dolto attache ainsi des « pré-moi-idéal » en étayage sur des personnes fantasmées comme capables de toute-puissance dévoratrice ou manipulatrice, supports d'identifications prégénitales.

Le moi-idéal adulte est « imaginé en un corps prêt à être génitalement attiré par toutes les personnes de l'autre sexe esthétiquement valables, à l'exception de la mère ou du père[3] ». Le moi-idéal est, dans ce modèle, supporté par une personne du même sexe marquée de la castration génitale.

L'*idéal du moi* en revanche n'a pas de précurseur préœdipien. C'est une instance liée strictement à la résolution de l'œdipe et qui oriente le moi vers une éthique : « L'idéal du moi, qui a surgi des décombres du désir incestueux, attire le moi à des réalisations culturelles valeureuses dans la société extra-familiale, pour un autre plaisir que celui de séduire le père ou la mère en leur “faisant plaisir”. [...] l'idéal du moi n'est pas présentifié par un être humain : c'est une éthique qui a pour effet de focaliser les pulsions, au jour le jour, dans des initiatives créatrices, valables en société, reconnues par les autres : les sublimations[4]. »

Image du corps et narcissisme

Dolto emploie le terme de narcissisme dans une acception proche de celle que Freud avait utilisée à partir de 1914 en tant que modalité d'investissement libidinal de soi ; en revanche il ne s'agit

1. 1982 *b*, p. 217.
2. 1971 *a*, p. 240.
3. 1984 *a*, p. 94.
4. 1971 *a*, p. 241.

pas pour elle de l'étape du développement que Freud situait entre l'auto-érotisme et l'investissement d'objet. L'investissement narcissique de soi est pour elle un processus continu indissociable de l'image du corps elle-même, « un continuum de l'allant-devenant dans le génie de son scxc[1] ». Un continuum ponctué toutefois par de grandes étapes qui ajoutent chacune une nouvelle dimension au narcissisme, à l'image de pelures d'oignon – pour reprendre la métaphore de Dolto. Au premier état du narcissisme qu'elle qualifie de *primordial* ou de *fondamental*, Dolto ajoute les *narcissismes primaire* et *secondaire*. Il faut bien comprendre que ces différents narcissismes représentent pour elle les étapes de l'enrichissement du narcissisme en même temps que ses différents niveaux à l'âge adulte.

Le narcissisme primordial ou fondamental est lié à la castration ombilicale, c'est-à-dire à l'arrêt de la dépendance vitale du fœtus à l'égard de sa mère via le placenta. Le narcissisme primordial consacre le succès du croisement premier entre l'image de base de l'enfant et son schéma corporel, maintenant amputé du placenta : « Il met en cause chez l'enfant son désir d'être, de vivre par-delà la naissance[2]. » Si le narcissisme fondamental est menacé, la survie même du corps est en jeu.

Le narcissisme primaire est pour Freud l'étape qui suit celle de l'auto-érotisme dans laquelle les pulsions se satisfaisaient chacune pour leur propre compte ; pour Lacan l'avènement du narcissisme primaire est lié à l'identification princeps de l'individu à son image spéculaire. La définition de Dolto met l'accent elle aussi sur l'identification à l'image du corps propre, mais en introduisant une correction qui a déjà été pointée : l'enfant ayant déjà le sentiment de sa cohésion avant le stade du miroir, le narcissisme primaire ne marque pas son unification, mais son autonomie de corps et son aliénation à un corps humain. Le narcissisme primaire soutient la capacité de l'enfant de « s'automaterner », il soutient son autonomie quant à son corps propre seul ou en situation de groupe.

Le narcissisme secondaire enfin advient à la résolution de la crise œdipienne et se confirme dans la génitalité après l'adolescence. Il est lié à l'identité de l'individu dans le groupe social. Il

1. 1984 *a*, p. 323.
2. Aubry J., 1988, p. 188.

implique la différenciation entre penser et agir, c'est-à-dire une éthique de la relation à son corps marquée de la loi de l'interdit de l'inceste.

Image du corps et fonction paternelle

La conviction fondatrice de Françoise Dolto a été rappelée : la conception est la rencontre symbolique de trois désirs, celui du père, celui de la mère et celui de l'enfant. En liant l'existence d'un individu, à sa source même, à une triangulation symbolique, Dolto dissocie la fonction paternelle du moment génétique œdipien, et l'intègre à un dispositif structural dont l'œdipe est la forme génitalisée. Si bien que, à l'opposé de ce qu'on a pu dire, Dolto n'évacue pas le père au profit d'une dyade mère-enfant mythique et idéalisée, mais elle le rappelle au contraire au-devant de la scène *dès la conception.*

Dès la vie fœtale la triangulation originelle s'attache à une perception, l'audition des voix maternelle et paternelle : « La mère est pour l'enfant "bivocale". Dès la vie fœtale, il perçoit mieux la voix de son père parlant à sa mère que la voix de celle-ci. Et sa mère est pour lui une mère encore plus vivante si le père lui parle[1]. »

Après la naissance, Dolto voit la fonction paternelle se manifester en une métaphore phallique dans l'érectibilité du téton maternel : « Il ne faut pas oublier qu'avant de le connaître comme une personne, le petit enfant a du père une image partielle, qui porte le nom de sein : *le sein de la mère, c'est le père dans la mère.* Voilà quelque chose d'archaïque chez l'être humain : le sein de la mère est phallique. Il y a une érectibilité du téton ; et, de même que téter provoque l'érectibilité pénienne du garçon, cela excite, probablement, l'érectibilité vaginale orbiculaire de la fille. C'est donc en tant que phallique que le sein est déjà porteur du sens du nom du père ; peut-être pas du père de l'enfant, mais du père en général[2]. » À l'échange *substantiel*, la nourriture, et *subtil*, la reconnaissance du désir, associé à la tétée s'attache en outre pour le nourrisson la perception de la position inconsciente de sa mère vis-à-vis de son père, et des

1. 1988 *d*, p. 9.
2. 1985 *b*, p. 126 (souligné par l'auteur).

hommes en général : « Cette articulation se fait par expérience vécue dans le corps : du fait même que l'enfant est, dans son corps, confirmé dans son droit à vivre, par la plénitude que lui apporte le sein gonflé de lait. Et s'il voit cette mère, qui lui donne le sein, en compagnie d'un autre ; s'il voit qu'elle le réfère à cet homme et qu'à son tour cet homme le réfère à sa mère ; alors ce qu'il reçoit de la mère vient de la parole du père – ce que présentifie l'enrichissement de la vitalité de l'enfant : lequel se regonfle du fait que le père est le ressourcement affectif de la mère, laquelle, référée à celui-ci, devient le ressourcement affectif de son enfant. Ils sont tous trois responsables, chacun l'étant déjà à l'égard des deux autres par le lien génétique ; puis, après la naissance, par la relation de l'objet partiel phallique satisfaisant le besoin ; tandis que la relation triangulaire d'amour va s'adresser au désir : c'est parce qu'il la voit couplée avec un autre que le couple que l'enfant forme avec sa mère prend sens pour sa future sexuation consciente, à l'envi du désir de l'autre dans l'amour[1]. » À cela Dolto ajoute encore son observation de l'intérêt spontané et précoce du nourrisson pour « l'autre de la mère », un intérêt sexuellement différencié à son avis : « Cette différence du garçon et de la fille est parfaitement visible dans les tétées des premiers jours. Un homme entre dans la pièce, le garçon ne se retourne pas du tout vers lui. [...] Tandis que la fille, elle, lâche le téton et regarde qui vient ; ensuite elle retourne au téton : il y a une attraction du désir qui l'emporte[2]. » Bien que garçons et filles soient dans des positions différenciées vis-à-vis du père, ils sont les uns et les autres « en quête » de celui qui occupe le troisième pôle de la triangulation : « Est ressenti père, par l'enfant petit, l'homme qui rend maman plus heureuse. Tout géniteur n'est pas un père. C'est l'homme qui donne plus de sécurité à maman lorsqu'il est présent que quand il n'est pas là. C'est celui dont elle s'inquiète s'il est absent plus que d'une autre tierce personne familière qu'il voit autour d'elle. [...] Le bébé se sent entouré et faisant partie d'une triangulation dont le point principal est la mère ; et c'est par la mère que l'autre angle du triangle, ce troisième (peut-être temporaire) prend valeur de sécurité de la cohésion de ce triangle[3]. »

1. 1985 *b*, p. 139.
2. 1988 *d*, p. 10-11.
3. 1986 *c*, p. 22.

Il fallait citer ces longs développements donnés par Dolto à propos de la question du père dans les premiers mois pour qu'on perçoive sans ambiguïté avec quelle force elle se défend de toute pensée réductrice de la dyade mère-enfant. Ladite dyade ne désigne pour elle que le lien de dépendance du nourrisson quant à ses besoins à l'égard de sa mère : « Je crois qu'il faut même pousser un peu plus loin et marquer le malentendu que recouvre souvent la référence à la dyade. Des gens se sont mis à croire à cette dyade comme à un dogme, la société a voulu que l'enfant continue cette "dyade nourrissonne" avec sa mère et qu'il n'y ait pas originairement trois personnes, alors que ce n'est pas du tout le cas. S'il y a, en apparence, dyade nourrissonne avec la mère, c'est parce que la mère, pour le bébé, contient et représente le père[1]. »

Quand arrive le stade œdipien, le père devient pour les enfants des deux sexes le garant de l'interdit incestueux et de leur place dans le groupe social : « Le père, relativement à la loi dont il est avec la mère l'exemple, confirme ou non à l'enfant la place qui lui est reconnue en société : ce dont il tire sa dignité narcissisante[2]. »

Pour le garçon la connaissance du rôle fécondateur du père est l'élément déterminant de son inscription dans son narcissisme masculin : « Pour un garçon avant l'œdipe, à l'époque de la castration primaire, ce n'est pas le mâle, le père, quoique pénien, qui a valeur phallique, procréatrice, c'est la mère. Le petit garçon peut considérer le pénis comme un objet pénétrant ou un fouet tant qu'il n'en connaît pas le rôle fécondateur et qu'il ignore l'existence du désir sexuel du père, associé à l'amour, à l'égard de sa femme[3]. » Ce n'est qu'à partir de cette connaissance que le garçon abandonne les identifications féminines et entre en rivalité avec son père pour séduire sa mère : « Le patronyme du père que portent à la fois l'épouse et les enfants, et qui marque du nom de la lignée paternelle la descendance d'un couple, ne prend valeur symbolique dans l'économie libidinale des enfants (et ne soutient l'éthique génitale inconsciente puis consciente) qu'à partir de la révélation du rôle procréateur du père. Ce rôle procréateur prend alors statut de valeur, inhérente au sexe masculin. Tandis que le sexe féminin a

1. 1988 *d*, p. 14.
2. 1985 *b*, p. 125.
3. 1985 *b*, p. 136.

d'emblée, en lui-même, une valeur considérable du fait de l'attachement de l'enfant à la mère pendant les premières années, c'est la valeur du patronyme en tant qu'il se transmet qui fonde la fierté masculine du garçon, et son narcissisme de mâle y prend sa source : se savoir fils de son père donne au garçon le droit de s'identifier désormais à des hommes ; une conversion s'opère dans la structure lorsqu'il abandonne les identifications à la mère, premier modèle adulte[1]. »

Pour la fillette le père joue un rôle tout aussi essentiel dans son ancrage dans un narcissisme féminin. En confirmant avec la mère la vérité de l'observation de sa fille quant à la différence des sexes, et en acceptant sans érotisation l'intérêt qu'elle lui porte, le père la confirme et la valorise dans sa féminité.

Image du corps et sexualité féminine

Françoise Dolto a précisé ses positions sur la question de la sexualité féminine lors d'un congrès sur ce thème organisé par la Société française de psychanalyse à Amsterdam en 1960, Lacan l'ayant invitée à cette occasion à rédiger une communication[2].

Très schématiquement Dolto avait à se déterminer par rapport aux trois théories sur la sexualité féminine qui circulaient à cette époque. Celle de Freud, d'abord, pour qui la libido est par essence virile, la fillette n'investissant sa féminité qu'en réaction à la déconvenue liée à la découverte de son absence de pénis : « Nous ne serions pas surpris qu'à toute sexualité correspondît une libido particulière de telle sorte que l'un des genres de libido visât les buts de la sexualité virile et l'autre les buts de la sexualité féminine. Cependant, tel n'est pas le cas. Il n'est qu'une seule libido, laquelle se trouve au service de la fonction sexuelle tant mâle que femelle. [...] Quoi qu'il en soit, l'accolement de ces deux mots, libido féminine, ne peut se justifier[3]. » Freud liait ainsi très clairement l'origine de la sexualité féminine à un mouvement contre-dépressif de restauration narcissique. Il considérait par ailleurs que

1. 1969 *a*, p. 220.
2. Communication qui sera publiée plus tard, enrichie par un article sur la frigidité, dans son ouvrage *Sexualité féminine*, 1960 *b*.
3. Freud S., *Nouvelles conférences*, p. 180.

la fillette n'avait pas d'émois spécifiquement féminins et qu'ils ne survenaient qu'à la puberté. À la conception freudienne, l'école psychanalytique anglaise, par la voix de Jones, avait déjà opposé l'idée que la fillette avait naturellement le sentiment de son vagin, que la bisexualité avait par conséquent un caractère inné[1]. Enfin, un troisième courant de pensée, défendu en particulier par Simone de Beauvoir dans son livre *Le deuxième sexe*, tendait à défendre l'idée du caractère culturellement acquis de la féminité : on ne naît pas femme, on le devient. Au sein de ce débat on pourrait dire en allant vite que la position de Dolto est une synthèse de ces trois courants tout en étant radicalement originale !

À la suite de Lacan, en effet, elle instaure le phallus au centre du désir inconscient de la fillette et lui donne la valeur organisatrice que Freud reconnaissait au pénis-organe. En revanche, Françoise Dolto ajoute que la fille est inscrite dès sa naissance dans un narcissisme sexué au féminin, bien avant la découverte de la différence des sexes par conséquent. Le nourrisson-fille est dès la castration ombilicale dans « l'allant-devenant dans le génie de son sexe » par étayage sur des émois précoces au lieu génital. L'identité sexuelle féminine soutient un narcissisme fondamental différent de celui du garçon, étayé sur des sensations vaginales précoces et sur une réponse sociale de l'entourage conforme à la détermination sexuelle de l'enfant. C'est en ce sens que l'on peut dire que les conceptions de Dolto intègrent à la fois le phallicisme de Freud, mais dans sa réélaboration lacanienne ; le « naturalisme » de Jones, mais en l'inscrivant dans la dialectique du désir et des pulsions ; et le « culturalisme » de Simone de Beauvoir, mais en le limitant à ses effets de confirmation sociale de l'éprouvé narcissique féminin[2].

Le narcissisme primordial de la fillette s'affirme dès la naissance dans son orientation sexuée grâce aux paroles et aux affects des parents : « Tout porte à croire que le nourrisson sain, du point de vue libidinal et organique, ressent son mode d'être-au-monde en parfaite résonance avec les affects de ses deux parents à la naissance, avec leur réaction émotionnelle à sa première différence, son sexe masculin ou féminin. On peut dire que le nourrisson fille, reconnue bonne, belle et plaisante, triomphe déjà d'un risque, si

1. Roudinesco É., 1986, p. 514.
2. On trouvera *in* Roudinesco É., 1986, p. 519, le développement de cette thèse.

elle trouve une mère comblée par sa maternité, aimée par son conjoint, heureuse de retrouver dans son enfant les traits de son union avec celui-ci[1]. » Une orientation narcissique qui justifie l'attraction très précoce pour le père ainsi que les sensations génitales associées : « Il est probable, affirme Dolto, que la petite fille au contact ou en présence des hommes perçoit sa turgescence orbiculaire vaginale et son érectibilité clitoridienne[2]. » Il ne s'agit pas là, rappelons-le au passage, de manifestations d'un œdipe précoce : « De ces attractions hétérosexuelles précoces, certains auteurs ont conclu à l'apparition très précoce de l'œdipe. Ce n'est pas mon opinion, car je réserve, pour ma part, la notion de situation œdipienne au moment conflictuel critique de désir consciemment sexuel, verbalisé même comme tel : l'envie de la fille d'être l'objet sexuel du père, d'en recevoir un enfant et de supplanter la mère au prix de sa disgrâce ou de son meurtre projeté[3]. » On a déjà souligné que, si le père occupe bien le troisième pôle du triangle primitif avant l'entrée dans l'œdipe, c'est la mère qui demeure jusque-là porteuse du phallus, présentifié par l'érectibilité des mamelons.

Dolto considère bien que le moment de la rencontre avec la castration primaire est une étape critique pour le narcissisme de la fille, comme l'affirmait Freud, mais qui n'a pas l'impact qu'il lui donnait dans la mesure où la fillette est déjà dans son narcissisme féminin. La difficulté peut surgir en revanche si elle éprouve son absence de pénis comme une blessure narcissique insurmontable. Le véritable enjeu de la découverte visuelle de la différence des sexes pour la fille dans l'hypothèse de Dolto est donc son *maintien* dans une éthique narcissique féminine *malgré* sa déconvenue : « Cette découverte amène une déconvenue narcissique indiscutable chez la fille, ainsi que l'envie de posséder un pénis centrifuge comme les garçons ; cela accompagné de recherches, de fouilles investigatrices, seule ou aidée par les garçons, motivées par son inquiétude par rapport à ce manque apparent, manque qui les réunit dans la recherche de ce morceau pénien, peut-être caché, peut-être détaché[4]. » En confirmant son observation, les parents permettront à la fille de surmonter cette épreuve : « Le comportement maternel

1. 1960 *b*, p. 54.
2. 1960 *b*, p. 58.
3. 1960 *b*, p. 59.
4. 1960 *b*, p. 66.

ou paternel, ou celui de leurs substituts plus valorisés qu'eux-mêmes, à ce stade, peut changer complètement le sens narcissique de cette surprise pénible, si elle est transformée en pure occasion pour un éclaircissement sur la sexualité, et non d'un rejet émotionnel de la part de l'adulte appelé en expert.

La fille, en effet, désire un pénis centrifuge à ce lieu érogène électif, parce qu'elle ressent, depuis qu'elle existe et éprouve des sensations, qu'elle a une sensibilité localisée à l'endroit du sexe. Et voilà que tel garçon la *signalise*, cette sensibilité qu'elle sent exister et qui, chez elle, n'a pas de signalisation extérieure. De nombreuses observations attestent que, pour peu que la fille, qui se sait porter le nom du père accolé à son prénom, reçoive une certitude qu'elle a été désirée fille par son père, et, comme telle, à l'image de sa mère, *sans pénis*, alors elle accepte très rapidement sa caractéristique sexuelle : sa forme vulvaire de “bouton avec un trou”, comme une gratification paternelle et une promotion maternelle[1]. »

L'entrée de la fillette dans l'œdipe, sous l'effet de l'interdit paternel, on l'a vu, est marquée, nous dit Dolto, d'une angoisse équivalant à l'angoisse de castration du garçon, l'angoisse de viol. Ce qui est vécu comme excitant dans l'attraction vers le père, consciemment localisé dans la zone érogène génitale, se transforme en angoisse de viol sous l'effet de la culpabilité. Cette angoisse répond au désir œdipien de la fillette et à ses fantasmes d'avoir un enfant du père : « Ces fantasmes sont tout à fait spontanés, et c'est spontanément aussi, sans aucune nécessité de verbalisation ni de vision de rapports sexuels adultes, que la fillette arrive seule à la conclusion logique de la non-conformité entre son vagin, petit, et le pénis du père, volumétriquement disproportionné. Il s'ensuit l'angoisse de viol par tous les pénis auxquels on peut accorder de la valeur. L'angoisse de viol par le père, à l'âge œdipien, est au développement de la fille ce qu'est l'angoisse de la castration au développement du garçon[2]. »

C'est en surmontant l'épreuve œdipienne, au prix de sa soumission à l'interdit de l'inceste, que la fille peut continuer à vivre son narcissisme féminin et à investir dans des activités culturelles, puis

1. 1960 *b*, p. 68-69 (souligné par l'auteur).
2. 1960 *b*, p. 99.

plus tard dans sa fécondité, une libido génitale dégagée de son orientation vers les parents.

L'adolescence enfin marque la réactivation du complexe œdipien. La coïncidence avec les premières règles et la capacité réelle de fécondité qu'elles entraînent lient ce que Françoise Dolto appelle le *sentiment maternel* aux sentiments féminins antérieurement éprouvés. Le sentiment maternel reste marqué de la sécurité ou de l'insécurité narcissique qui a suivi les castrations et de l'élaboration heureuse ou non du sentiment œdipien pour le père : « Le sentiment maternel adulte est construit, au minimum, comme un langage à trois voix, auquel viennent s'adjoindre les voix collatérales familiales, chacune d'elles référencée à sa propre triangulation initiale et actuelle. Le sentiment maternel, si attentif et si aimant soit-il, n'est vivifiant pour l'enfant que s'il coexiste chez la mère avec des sentiments conjugaux et des intérêts culturels et sociaux, ce qui ne se réalise que chez une femme devenue inconsciemment adulte sur le plan narcissique[1]. »

Image du corps et pulsions de mort

Dolto évoque très souvent les pulsions de mort – toujours mises au pluriel – dans son œuvre, et l'on pourrait croire qu'elle reste fidèle au dualisme pulsionnel introduit par Freud et repris par Lacan, alors qu'en réalité elle se démarque sur cette question autant de l'un que de l'autre.

Freud, qui voulait rendre compte du sens économique de la répétition, avait trouvé dans un « au-delà du principe de plaisir » une pulsion tendue vers la réduction des tensions et l'inanimé, la pulsion de mort. Une pulsion auto-agressive, qu'il voyait à l'œuvre dans le masochisme, ou hétéro-agressive, dans le sadisme. Quant à Lacan, il avait associé la pulsion de mort à l'éprouvé de morcellement antérieur à l'unification du narcissisme primaire. L'agressivité s'originant dans la « tension corrélative » à l'identification spéculaire. Freud et Lacan opposaient ainsi aux pulsions de vie des pulsions tendant à « décohéser » l'individu.

Françoise Dolto propose au contraire une définition des pulsions

1. 1969 *a*, p. 267.

de mort qui les range au côté des pulsions de vie. Les pulsions de mort n'ont à son avis rien à voir avec la mort de l'individu, mais au contraire avec sa survie. Les pulsions de mort imposent à l'individu la suspension de l'engagement de son désir dans sa quête de complément : « Quand nous avons épuisé nos forces de désirants, il faut bien que nous les retrouvions ; et c'est dans les pulsions de mort qu'elles se ressourcent, parce que le sujet s'éclipse et qu'il n'a plus à assumer les tensions et les jeux du désir. Pendant ce retrait, les pulsions de mort perdurent. Il faut toujours demander : pulsions de mort de quoi ? Du sujet des désirs médiatisés par le corps : des désirs qui émanent de lui vers autrui ou de ceux qu'il reçoit[1]. » L'expression des pulsions de mort n'est donc pas la mort, mais le sommeil profond ou l'absence à soi-même dans l'orgasme : « Je pense que la mort réelle, ce n'est pas du tout les pulsions de mort, c'est même tout le contraire. Les pulsions de mort sont un aspect du désir – lequel s'exprime par pulsions de mort et pulsions libidinales, actives et passives –, un désir qu'il n'y ait plus de sujet de son désir sexuel.

C'est-à-dire que nous sommes soumis aux pulsions de mort autant qu'aux pulsions de vie. Les pulsions de vie prévalent pendant tout le temps de notre veille, et les pulsions de mort affleurent dans le sommeil profond. Elles affleurent également dans l'orgasme, à l'acmé du plaisir, là où le sujet s'abandonne et qu'il ne sait plus qu'il est sujet [...]. Heureusement qu'elles existent, sans quoi nous nous épuiserions. Le désir nous épuise, mais nous récupérons grâce aux pulsions de mort. Le sujet du désir épuiserait l'être humain, si ce dernier ne se reposait pas sur son image de base, sur son narcissisme fondamental, en abandonnant la notion de son existence, et en tombant dans le sommeil profond qui limite sa participation à l'être, sans notion d'avoir ni de pouvoir à conquérir ou à défendre[2]. »

Dolto prolonge d'une certaine manière une idée avancée par Freud dans son article « Psychologie collective et analyse du moi » : « C'est ainsi que la naissance représente le passage du narcissisme se suffisant à lui-même à la perception d'un monde extérieur variable et à la première découverte d'objets : il résulte de

1. 1985 *b*, p. 157.
2. 1982 *b*, p. 163-164.

cette transition trop radicale que nous ne sommes pas capables de supporter pendant longtemps le nouvel état créé par la naissance, que nous nous en évadons périodiquement, pour retrouver dans le sommeil notre état antérieur d'impassibilité et d'isolement du monde extérieur[1]. »

En termes d'image du corps, les pulsions de mort sont associées par conséquent à l'image de base, celle qui supporte la vie végétative du corps. Les pulsions de mort incitent le sujet à se retirer de toute image érogène, à se « replier » sur son image de base à son niveau le plus profond alors qu'elle supporte la respiration : « L'image respiratoire, c'est l'image du corps la plus profonde et une des expressions les plus pures des pulsions de mort[2]. »

Quant à l'agressivité, elle relève uniquement pour Dolto des pulsions de vie. L'agressivité est toujours un mouvement de tension vers un objet, l'autre ou soi-même, donc un mouvement de désir : « Je crois qu'il faut bien distinguer les pulsions de mort des comportements agressifs envers un autre dans le but de lui donner la mort. Et même des comportements passifs vis-à-vis d'un autre qui vous donne la mort. Dans le premier cas, le comportement est sous-tendu par les plus intenses tensions libidinales, agressives, phalliques, orales et même urétrales, sinon tout à fait génitales centrifuges ou centripètes[3]. »

En plus de ranger les pulsions de mort du côté de la vie de l'individu, et de transformer le statut de l'agressivité, la conception défendue par Dolto a pour effet de valoriser leur fonction à l'égard de la survie du groupe humain : « *Les pulsions inconscientes de vie* justifient pour chaque individu la clameur d'appel à la liberté, aux pouvoirs nouveaux, à la conquête de la nature. Les pulsions de vie, passives et actives, font se jeter les humains les uns contre les autres. Les passifs comme les actifs s'entre-blessent, s'entre-mutilent et beaucoup sont ainsi menés à leur destruction. *Les pulsions inconscientes de mort* font s'attirer les humains, sexe à sexe, dans les étreintes qui les libèrent de leurs limites individuelles, où la rencontre de leur semence lance, dans l'aventure qu'est la vie, d'autres humains avides de survie et promis eux aussi à engendrer.

1. Freud S., 1977, p. 159.
2. 1987 *e*, p. 27.
3. 1982 *b*, p. 165.

Ainsi les pulsions inconscientes de mort mènent-elles l'homme, sous son double aspect, mâle et femelle, vers la procréation d'enfants, dont la survie lui est plus chère que sa propre chair promise à la mort proche et inéluctable[1]. »

On peut s'étonner des hypothèses de Dolto sur les pulsions de mort, et certains les interprétèrent comme un effet de son hypothétique déni de la mort et de l'agressivité. En réalité, elles sont en totale cohérence avec le système théorique de Dolto et sont à relier à un thème central de son œuvre qui n'a été qu'effleuré jusqu'ici, en filigrane des deux vignettes cliniques introduisant la notion d'image du corps, à savoir le thème de la *régression*. Les pulsions de mort nous font comprendre que Dolto considère qu'il existe une possibilité de « circuler » dans les différentes dimensions de l'image du corps lors du passage de l'état vigile au sommeil. On peut en effet assimiler le déploiement des pulsions de mort à une régression sur les images du corps les plus anciennes et les plus profondes, ce qu'on pourrait désigner aussi comme une *régression topique dans l'image du corps*. Une hypothèse qui fraie la voie à une clinique psychanalytique de l'image du corps dans laquelle les régressions topiques *dans* l'image du corps s'accompagneront de régressions *de* l'image du corps, c'est-à-dire de régressions qui ne seront plus seulement topiques, mais aussi *structurales*.

1. 1981 *a*, p. 428 (souligné par l'auteur).

TROISIÈME PARTIE

CLINIQUE DE L'IMAGE DU CORPS

1

CLINIQUE ET TECHNIQUE PSYCHANALYTIQUE

Existe-t-il une clinique de l'image du corps ?

Françoise Dolto a construit le concept d'image du corps en étayage sur une pratique clinique que celui-ci a constamment alimentée en retour. Mais, bien que ce concept soit indissociable de sa pensée clinique, ce n'est qu'en 1984, alors âgée de soixante-seize ans, qu'elle lui consacre un ouvrage de synthèse. Ainsi, à la différence d'autres auteurs, comme Melanie Klein ou Gisela Pankow par exemple, Dolto n'a pas voué ses ouvrages à l'exposition de son apport théorique essentiel et n'a pas cherché à proprement parler à constituer un corpus clinique de l'image du corps, et ce n'est qu'*a posteriori* qu'on peut mettre en valeur l'omniprésence de ce concept fondamental dans sa lecture de la clinique. Il est possible du reste que Dolto ait craint qu'en réalisant un tel corpus elle n'induise certains à se mettre à « appliquer » ses concepts et à les utiliser comme des recettes. À l'instar de Lacan, Dolto se défiait du *savoir* sur la souffrance psychique et ne valorisait que les effets de *vérité* qui ne peuvent naître que d'un authentique travail psychanalytique, toujours singulier. Le principe de la constitution d'une « clinique de l'image du corps », c'est-à-dire du regroupement de situations cliniques singulières à l'aune d'un concept, ne peut être retenu par conséquent qu'à la condition que celle-ci ne serve pas de grille diagnostique ou de manuel thérapeutique. Une clinique de l'image du corps ne peut prendre que la valeur que Dolto donnait aux vignettes qui illustraient tous ses propos, celle de repères et d'incitations à la réflexion, celle d'une clinique vivante.

De ce point de vue, le balisage conceptuel de la clinique de Dolto implique un renvoi permanent au dispositif de la cure qu'elle a mis en place et une référence constante à l'intention de l'analyste, ce que Lacan a désigné comme étant son désir. L'image du corps de l'enfant et l'interprétation qui peut s'y attacher se révéleront seulement grâce aux dessins et aux modelages, grâce à l'attention portée par l'analyste au comportement non verbal et à sa propre image du corps, grâce enfin et surtout à la reconnaissance *a priori* de l'enfant comme sujet.

Image du corps et transfert

Dans le débat qui avait opposé Anna Freud à Melanie Klein à propos du transfert dans la cure avec un enfant, la première soutenant son absence et la seconde défendant au contraire sa réalité, Françoise Dolto est évidemment du côté de Melanie Klein. Le concept d'image du corps lui permet de théoriser sa position et de déterminer la nature du processus transférentiel : il correspond à l'actualisation dans la cure de l'image du corps, archaïque ou actuelle, de l'analysant et, compte tenu de l'essence relationnelle de l'image du corps, son actualisation inclut de fait l'analyste. C'est seulement de cette place qui lui est inconsciemment conférée que l'analyste peut interpréter et soutenir les mutations nécessaires de l'image du corps de l'analysant. D'un point de vue fonctionnel, le transfert correspond pour Dolto à l'instauration d'un espace singulier, archaïque et actuel, inconscient et conscient, dans lequel l'image du corps de l'analysant est à la fois dense et présente dans ses spécificités, et soumise aux mutations au fil des interventions de l'analyste.

La première tâche de l'analyste avec les enfants peut dès lors être précisée, elle est de parvenir au décodage de leur image du corps : « Chez les enfants (et chez les psychotiques) qui ne peuvent pas parler directement leurs rêves et leurs fantasmes comme le font les adultes dans les associations libres, l'image du corps est pour le sujet une médiation pour les dire, et pour l'analyste le moyen de les connaître. C'est donc un dit, un dit à décoder, et dont l'analyste seul n'a pas la clé [...]. Qu'on le comprenne bien : *l'image du corps n'est pas l'image qui est dessinée là, ou représentée dans le modelage ; elle a à se révéler par le dialogue analytique avec l'enfant*[1]. » Les interprétations prennent sens pour l'enfant en référence à son image du corps et aux effets produits sur elle par la rencontre avec l'analyste : « Écouter ces enfants signifie leur parler au niveau des images du corps [...]. C'est comme cela que je parle aux bébés ; je communique au niveau de leurs images du corps[2]. » Ainsi que le suggère J.-D. Nasio, cela revient à « parler inconsciemment à travers [son] image du corps le même code implicite dans l'image du corps de l'enfant[3] ». Ce qu'a fait par exemple Dolto quand elle a demandé à la petite fille phobique du toucher de prendre de la pâte à modeler avec sa « bouche de main ». Interpréter, c'est donc avant tout parvenir à comprendre et analyser le « langage des images du corps » de l'enfant afin de rétablir la communication avec lui à ce niveau.

Le dialogue analytique avec l'enfant n'est possible pour Dolto qu'au prix de l'engagement en retour, dans la relation analytique, de l'image du corps de l'analyste : « Dans la cure, le corps de l'analyste est constamment exposé à la parole de l'autre et extrêmement sensible à sa présence. En même temps cette entité que nous appelons "corps de l'analyste" – et que nous devrions pour être plus exacts dénommer "image du corps de l'analyste" – constitue un des lieux de consolidation du transfert[4]. » C'est d'une véritable mise en résonance des images du corps de l'analyste et de l'enfant qu'il est question : « C'est cela peut-être, traiter psychanalytiquement un enfant : de même qu'on le soutient dans son dire et qu'on l'accompagne à se dépasser et à dépasser l'épreuve que la résistance empêche, de même nous traversons nous aussi l'épreuve, nous éprouvons dans notre corps[5]. » Et plus loin elle ajoute : « Je crois que l'image inconsciente du corps de l'analyste est dotée de la même capacité réceptive que celle du nourrisson devant une langue étrangère[6]. »

1. 1984 *a*, p. 16 (souligné par l'auteur).
2. 1987 *e*, p. 25.
3. Nasio J.-D., 1987 *e*, p. 22.
4. 1987 *e*, p. 71.
5. 1987 *e*, p. 65.
6. 1987 *e*, p. 72.

Image du corps et régression

La question des pulsions de mort, en tant que régression topique dans l'image du corps indispensable à la survie, nous a conduits à une première approche de la notion de régression chez Dolto. L'aptitude à régresser *dans* l'image du corps est le modèle d'un autre type de régression qui est au cœur de la pathologie, *la régression de l'image du corps*, un deuxième type de régression qu'on peut qualifier de *structural* dans la mesure où il correspond au repli sur des images du corps chronologiquement antérieures. Il répond à la même nécessité de survie que la régression topique des pulsions de mort, la personne en souffrance se replie sur une image du corps archaïque pour retrouver les sentiments de sécurité et de continuité qu'elle lui apportait alors, et pour échapper au problème que lui pose son désir actuel et se ressourcer. Ce qui est pathologique n'est donc pas de se replier sur une image du corps archaïque, mais ce sont les causes et les conséquences de cette régression. Quelle qu'en soit l'expression clinique, l'essence du processus pathologique équivaut donc toujours pour Dolto à une régression structurale sur une image du corps du passé, quelquefois transitoire et même fugace, d'autres fois durable et fixée.

Le transfert permet l'actualisation dans la séance de l'image du corps sur laquelle l'enfant s'est replié, un effet singulier des cures menées par Dolto que Maud Mannoni décrit en ces termes : « [La régression] doit être rendue possible à l'enfant, pour qu'à partir d'une sécurité retrouvée un nouveau départ soit possible. Dans les cures menées par Françoise Dolto, l'analyse nous fait ainsi assister à une "décomposition imaginaire", qui va dans le sens d'une régression dans le temps. [...] Françoise Dolto nous montre que, pour le patient, la catharsis devient possible quand l'horreur peut être transposée en mots[1]. » Chaque geste, chaque dessin, chaque mot doit être interprété par rapport à sa signification sur l'axe chronologique des images du corps : « [...] il peut également arriver au cours d'une cure qu'un enfant vous dise : "Tu serais ma maman". Dans ce cas, répondez-lui absolument : "Ta maman de quand ?" Il peut, en effet, transférer la maman de quand il avait deux ans ou

1. Mannoni M., 1982, p. 169-170.

trois ans, et pas la maman d'aujourd'hui, puisque tous les jours il a à faire mourir sa mère, puis à la ressusciter le lendemain matin, tout comme lui-même d'ailleurs. La maman du passé est morte, il peut donc la transférer sur quelqu'un d'autre. Mais celle d'aujourd'hui est vivante, c'est donc avec celle-là qu'il doit se débrouiller[1]. » L'enfant peut aller quelquefois jusqu'à engager son corps propre dans le processus d'actualisation de l'image du corps sur laquelle il s'est replié : « Plus leur analyse avance, plus ils sont, en effet, délabrés en séance, plus ils sont du "répandu par terre", plus ils expriment des émois archaïques, jusqu'à renaître entre des pieds de chaise, par exemple, où ils se coincent. En même temps, à l'extérieur, en société, à l'école, ils sont de plus en plus adaptés. L'analyse progresse ainsi, grâce au retour du refoulé de l'enfant dont les modes d'expression ne sont pas tolérés en société et qu'il a besoin d'exprimer avec nous[2]. »

À partir de la mise au jour dans la cure des images du corps archaïques, et du dévoilement du processus de régression structurale de l'image du corps, l'analyste pourra alors en soutenir la mutation.

Image du corps, traumatisme et catharsis

À l'origine de la régression qui a été qualifiée de structurale, Françoise Dolto reconnaît ce qu'elle appelle une *expérience traumatique*. Est traumatisant dans cette acception tout ce qui met en question une castration symboligène : « Ce n'est pas non plus l'événement réel – qui revient en souvenir, ou qui reste fixé en mémoire – qui importe de par lui-même. Mais l'émoi contaminé de dépersonnalisation, ou de distorsion valorielle humaine, que le sujet en a éprouvé, auquel il a survécu et auquel il lui faut accepter de renoncer. En effet, cet émoi, ayant été narcissisant à sa manière, du fait seul que le sujet en son corps en a survécu, il est très difficile au sujet d'y renoncer, que le souvenir fasse partie de son mythe personnel ou qu'il y en ait des témoins. Il lui faut passer pour cela par le transfert grâce auquel tout se réactualise, puis ensuite faire son

1. 1982 *b*, p. 38.
2. 1982 *b*, p. 24-25.

deuil du psychanalyste – son compagnon de travail –, en même temps que de son passé.

Tout ce qui dans les dires, les événements enregistrés ou les comportements parentaux laisse entendre que l'inceste, le meurtre, le cannibalisme sont des désirs permis, des désirs dont seule l'impuissance due à la condition enfantine temporise la satisfaction, tout cela constitue effectivement des expériences traumatiques[1]. »

Il faut souligner que ce n'est qu'à propos de ce qu'elle appelle expérience traumatique que Dolto recourt au terme de « forclusion » : « Un élément a été fonctionnellement enregistré, mais il n'a pas eu ensuite de résonance dans l'histoire du sujet. Un événement a eu une incidence sur une image fonctionnelle de son corps, mais aucune parole n'a établi de relais, ultérieurement, entre cette expérience et celui qui est devenu sujet parlant [...]. Ce n'est jamais devenu une castration[2]. »

L'enjeu de la cure est donc clair pour Dolto et peut s'énoncer en une formule : exposer l'image du corps sur laquelle la personne s'est repliée à la suite d'une expérience traumatique à la castration symboligène qui la fera muter. La cure doit permettre à la personne de retrouver le dynamisme de son désir en le détachant de l'éthique archaïque préœdipienne dans laquelle il s'aliène. À la régression dans le transfert, Dolto associe ainsi la catharsis par la rencontre de la castration symboligène qui fut évitée, déniée ou absente.

Les interprétations de Dolto s'inscrivent le plus souvent parfaitement dans ce modèle, elles nomment l'image du corps en cause dans le symptôme et la castration symboligène qui lui est associée. Ses interventions sont quelquefois encore plus directes quand Dolto se met en situation de « donner » elle-même la castration ; ce sont alors de véritables *énonciations* de l'interdit concerné, cannibalique, de meurtre ou œdipien, des rappels de la loi symbolique du désir irréductibles à de simples injonctions éducatives[3].

1. 1971 *a*, p. 219-220.
2. 1985 *b*, p. 178.
3. Voir « Le cas Dominique ».

Image du corps et cadre de la cure

Au même titre que la question du transfert, celle du cadre et des modalités de la cure s'est posée aux premiers psychanalystes d'enfants. Il s'agissait en effet pour eux d'aménager un espace thérapeutique qui ne pouvait que déroger au dispositif instauré par Freud, sans divan ni associations libres. À la suite de Sophie Morgenstern, Françoise Dolto établit un protocole minimal, qui devient très vite une pièce essentielle de sa conceptualisation des cures avec les enfants.

Le premier élément du cadre de la cure avec un enfant concerne le matériel mis à sa disposition. Dolto ne proposait aux enfants que des crayons, du papier et de la pâte à modeler et écartait les objets préfabriqués – la poupée-fleur étant une des rares exceptions. La règle de la cure était formulée à peu près en ces termes : « Tu dis en mots, en dessin ou modelage tout ce que tu penses ou ressens pendant que tu es ici, même ce que, avec d'autres personnes, tu sais ou tu crois qu'il ne faudrait pas dire[1]. »

Il est inutile de rappeler l'importance des productions plastiques de l'enfant dans le système théorique de Dolto, puisqu'elles représentent un des ancrages du concept d'image du corps. Au cours de la cure, ces réalisations constituent le principal espace d'actualisation de l'image du corps de l'enfant en association à ses propos : « Le dessin est une structure du corps que l'enfant projette, et avec laquelle il articule sa relation au monde. Je veux dire que par l'intermédiaire du dessin l'enfant spatio-temporalise sa relation au monde. Un dessin, c'est plus que l'équivalent d'un rêve, c'est en soi-même un rêve, ou, si vous préférez, un fantasme devenu vivant. Le dessin fait concrètement exister l'image inconsciente du corps dans sa fonction médiatrice[2]. » Il a déjà été souligné qu'il faut se garder de réduire les dessins ou les modelages à des surfaces de projection de l'image du corps ; leur fonction est plus fondamentale, car ils attachent véritablement une représentation à l'image du corps, qui, elle, n'en est pas une. Ils participent de ce fait au processus de subjectivation de la cure : en même temps qu'ils représentent l'image du corps, ils participent à sa construction. On comprend pourquoi Dolto s'est toujours refusée à fournir des clés

1. 1969 *a*, p. 70.
2. 1987 *e*, p. 37.

d'interprétation du dessin d'enfant en dehors de situations cliniques singulières. S'il lui est arrivé quelquefois de livrer au détour d'une réponse publique un début d'explication à caractère général sur un aspect courant des dessins d'enfants, elle a le plus souvent renvoyé les dessins à leur sens pour l'enfant et l'analyste au décours de la cure.

Un autre élément du cadre des cures de Françoise Dolto est ce qu'elle a appelé *le paiement symbolique*. Il est représenté par un caillou, un faux timbre, une piécette, ou un simple ticket de métro usagé que l'enfant doit amener à chaque séance dès qu'il a accepté le contrat de la cure. Le principe du paiement symbolique s'est imposé à Dolto à l'occasion de cures avec des enfants dont le transfert était négatif, leur opposition pouvant relever aussi bien d'un refus pur et simple de la cure que d'une agressivité à interpréter dans le transfert. Grâce au paiement symbolique, Dolto veut donner à l'enfant un médiateur pour exprimer son désir d'être aidé, ou de ne pas l'être, en lui rappelant symboliquement qu'il vient rencontrer quelqu'un qui est payé pour l'aider et non quelqu'un « qui l'aime bien ». Un enfant ne sait rien à l'avance de ce qu'est une cure analytique. Il a vu ses parents parler au thérapeute et il peut imaginer quand vient son tour qu'il prend leur place dans une relation qu'il a peut-être fantasmée comme érotique. Ce sera alors pour « son plaisir », ou celui qu'il croit donner au thérapeute ou à ses parents, qu'il poursuivra sa thérapie. Le paiement symbolique est là pour souligner que la cure n'est pas une relation comme les autres. Si l'enfant a oublié d'apporter son paiement, Dolto insiste pour qu'on valorise cet oubli qui signifie que l'enfant fait la différence entre son désir et celui des autres : « Il faut toujours féliciter un enfant qui ne paie pas ; toujours : c'est la base de sa relation à son désir. Le sujet ne veut pas d'une relation fausse ; or "c'était une relation fausse aujourd'hui". La relation qui ne se paie pas n'est qu'une relation érotisée. En négatif ou en positif[1]. »

Il est évident que l'application du paiement symbolique peut se réduire à un « truc », à connotation obsessionnelle ou sadique, s'il n'est pas soutenu par un projet de reconnaissance de l'enfant en tant que sujet. Son véritable enjeu est de placer la cure sous des auspices symboliques, du côté du désir et non de celui des pulsions.

1. 1987 *d*, p. 50.

Image du corps et dynamique familiale

Avant de devenir inconsciente, c'est-à-dire jusqu'à la résolution définitive de l'œdipe, l'image du corps de l'enfant s'est édifiée dans une triangulation qui implique les deux parents. Il serait par conséquent inconcevable pour Dolto de tenir à l'écart de la cure les parents, qui participent inconsciemment et consciemment à la construction de l'image du corps de leur enfant. Françoise Dolto leur donne ainsi une place éminente dans ses thérapies : en travaillant avec eux autant qu'avec l'enfant quand celui-ci est petit, en les impliquant dans le contrat thérapeutique ainsi que dans le déroulement de la cure quand il est plus âgé.

À propos de son travail avec les nourrissons, Dolto nous relate de nombreux exemples de ses rencontres avec l'enfant en présence de sa mère, des nourrissons qui présentaient des troubles fonctionnels disparaissant après qu'elle en avait expliqué l'origine au nourrisson lui-même, un des aspects les plus novateurs du travail de Dolto. De telles interventions se justifient à son avis par le fait que de nombreux troubles fonctionnels du nourrisson ont leur source dans des difficultés de la relation mère-enfant : « J'ai la conviction que les troubles fonctionnels des tout-petits sont dus à des suspensions de fonctions locales ayant valeur de langage, signifiant un appel positif à la mère, et même une tentative de l'aider. Il me semble que les bébés sont les premiers psychothérapeutes des parents, qu'ils boivent l'angoisse de la mère et que leur fonctionnement s'en trouve modifié[1]. » Dolto travaille avec la certitude, qu'elle cherche toujours à faire partager à la mère, que le bébé a l'entendement des paroles qui lui sont dites si celles-ci concernent son histoire : « Les enfants, les bébés, nourrissons, comprennent les paroles, c'est étonnant, nous ne savons pas comment, lorsqu'elles sont dites pour leur communiquer une vérité qui les concerne ; les paroles qui relatent ce que l'on sait des faits, sans jugement de valeur[2]. »

Quand l'enfant est plus âgé, les premiers entretiens avec les parents, outre leur valeur anamnestique essentielle et leur fonction

1. 1985 *b*, p. 213.
2. 1984 *a*, p. 213.

d'évaluation de la dynamique libidinale familiale, doivent permettre ce que Dolto appelle *le cadrage de la thérapie*. Un enfant en souffrance est un enfant qui est aussi en mal d'autonomie, prisonnier d'une image du corps anachronique, si bien qu'il devra surmonter une première difficulté pour investir un travail psychothérapique avec un tiers tant qu'il s'éprouve en « prolongement » de ses parents. Avant que commence tout travail individuel avec un enfant, il est essentiel que celui-ci se sente autorisé par eux à investir la cure en tant qu'espace d'autonomie, il faut que les entretiens préliminaires aient permis aux parents de pressentir l'autonomie du désir de leur enfant, si ce n'est de le reconnaître. Ce qui revient à donner une véritable castration aux parents, nous dit Dolto : « Ce travail, c'est la castration des parents eux-mêmes. Il doit les mener à voir en leur enfant leur égal, un être humain ayant l'intelligence des choses de la vie, alors qu'ils le considèrent comme un corps nerveux qu'il faut calmer, éventuellement à coups de médicaments, qu'il faut en tous les cas reconditionner. C'est un enfant désirant, alors qu'ils ne le voient que comme un corps de besoins mal réglé[1]. » Le cadrage de la thérapie consiste aussi à définir les places respectives de l'analyste et des parents pendant la cure. Si l'enfant était jeune, Dolto laissait aux parents la possibilité de la rencontrer après les séances ; s'il était plus âgé, elle convenait avec eux de ne plus avoir de contacts directs et de remettre une lettre à l'enfant s'ils souhaitaient communiquer avec elle. Dolto insiste surtout pour que les parents restent les éducateurs de leur enfant pendant la thérapie. Même si l'enfant transfère sur l'analyste des relations anciennes, il reste au présent inscrit dans la relation triangulaire parentale et c'est elle qui doit garder la prévalence : « Nous, analystes, sommes là, par rapport au père et à la mère, pour que l'enfant se rencontre en eux. Mais non pour qu'il nous trouve nous à leur place[2]. »

Le respect de la triangulation actuelle et réelle de l'enfant conduit Dolto à prévenir les analystes des risques des thérapies individuelles avec des enfants trop jeunes : « Avant l'entrée dans la période œdipienne en effet, si une personne étrangère, éducatrice ou psychothérapeute, se met, en tête à tête avec l'enfant, à prendre

1. 1985 *b*, p. 13.
2. 1987 *d*, p. 98.

de l'importance pour lui, cela, en brisant le triangle père-mère-enfant, risque de retarder l'évolution inconsciente de l'enfant vers une structuration libidinale sexuée car cette structuration ne peut s'effectuer favorablement que dans la conjonction familiale triangulaire. [...] La technique courante de rééducation ou de psychothérapie dans des entretiens seul à seul avec un enfant n'est sans danger, donc, qu'après l'acquisition de l'autonomie comportementale complète, de la maîtrise de la langue maternelle telle qu'on la parle en famille et qu'on l'utilise avec les camarades du même âge[1]. »

Quand les parents restent présents pendant la thérapie, le dispositif est celui de la consultation thérapeutique qui rassemble en un temps unique l'évaluation des processus inconscients en jeu et leur restitution en termes compréhensibles par l'enfant et ses parents : « La spécificité de la démarche de Françoise Dolto, c'est la façon dont elle commente les paroles parentales prononcées devant l'enfant : elle laisse entendre qu'il y a méprise de la part de l'adulte (on le croit encore bébé ou ignorant, lance-t-elle à la cantonade), et son art socratique du dialogue l'amène à faire dire à l'enfant ce qu'il sait sans se l'avouer[2]. » La mise en circulation et en mots du matériel inconscient attaché à un symptôme, qui en provoque souvent l'extinction, est une modalité d'extension de la pratique analytique classique à laquelle Françoise Dolto donnera toute son importance dans ce qu'elle appellera son travail de prévention.

Quelques vignettes cliniques

Paul, 3 ans[3]

Paul était un enfant de trois ans qui, depuis trois mois, s'était enfermé dans une attitude d'opposition systématique à tout ce qu'on lui demandait. Sa mère n'en obtenait quelque chose que par la force ou des chantages à l'abandon. Au cours de l'entretien préliminaire avec la mère, Dolto ne retrouve aucun élément traumatique particulier, mais elle est frappée par le fait qu'elle traite son

1. 1969 *a*, p. 198.
2. Mannoni M., 1982, p. 161.
3. 1953 *a*, p. 150-152.

fils comme un objet, n'attendant de lui qu'une obéissance passive. Quand Dolto rencontre Paul dans la salle d'attente, elle lui propose de la suivre en ces termes : « – Viens avec moi parler des choses qui font que ça ne va pas à la maison. – Non [...] – Tes jambes ne veulent pas venir, elles veulent pas que Paul parle avec la dame, les drôles de jambes, c'est des coquines [...] C'est pas drôle pour le Paul qui veut bouger, que l'autre Paul l'empêche. » Et, sentant l'enfant se détendre, Dolto le prend par la main et l'entraîne dans son cabinet vers la table : « – Non. – Paul ne veut pas dessiner, mais la main de Paul a si envie » et elle lui fait amorcer un dessin avec sa main dans la sienne. Paul continue alors de dessiner seul.

Devant le caractère purement réactionnel des troubles de Paul, Dolto se contente de conseiller à la maman de ne pas croire au « non » de Paul et de l'aider seulement à sortir du cercle vicieux dans lequel il est pris. À l'adresse de Paul elle ajoute : « Tu pourras continuer à dire non toujours avec la bouche, et quand ça te fera plaisir ou que tu auras besoin, même quand la bouche dira non, les pieds et les mains diront oui. Mais si c'est des choses qui ennuient et qui servent à rien, alors il faut dire et faire non. »

Cet exemple est celui d'un enfant qui avait traversé une étape normale de son développement en construisant une image du corps qu'il ne voulait plus soumise aux dires de sa mère, il passait de « moi-ma-maman » à « moi-pas-ma-maman ». Mais l'attitude rigide de sa mère, à laquelle Paul ne pouvait que s'identifier en partie, l'avait conduit à s'enfermer dans un cercle vicieux où il ne pouvait céder à sa mère sans perdre à la fois son autonomie naissante et son identification encore nécessaire à elle.

Pierre, 4 ans[1]

Pierre était un garçon de quatre ans qui présentait depuis deux mois des troubles régressifs très importants : il était devenu insomniaque, anorexique, ne marchait plus et avait perdu la propreté sphinctérienne. Pierre était comme cela depuis un incident apparemment mineur survenu deux mois auparavant dans un train : dans un tunnel Pierre s'était mis à hurler, puis, quand la lumière était revenue, il avait dit : « Le monsieur qui est là, il m'a pris

1. Entretien avec P. Bénichou, *Le Nouvel Observateur*, 2 septembre 1988.

quelque chose là » en montrant son aine. D'après la maman, rien n'avait pu arriver dans la réalité qui ait pu ainsi traumatiser son fils.

Françoise Dolto demande aux parents si leur fils a déjà présenté de tels moments de sidération. De fait, lors de la naissance de son jeune frère deux ans auparavant, Pierre était resté figé une journée entière une chaussette à la main. En sortant de sa léthargie, Pierre avait demandé pourquoi on n'allumait pas le feu, alors qu'on était en été. La maman avait rapproché ces mots de propos qu'elle avait tenus durant la grossesse du petit frère de Pierre : si ce n'était pas une fille, elle jetterait son bébé au feu !

Au cours de l'entretien un autre événement, plus récent, est également évoqué : pendant les vacances précédant l'incident du train, Pierre, qui couchait avec son petit frère dans la chambre d'hôtel de ses parents, était resté éveillé un soir très tard en attendant leur retour. À la question de son père lui demandant pourquoi il ne dormait pas, Pierre avait répondu : « Ah non, je vous attendais... Je veux vous voir jouer au derrière. » Ce qui avait mis le père en fureur au point de se précipiter vers son fils en lui criant : « Menteur... Menteur... Tu n'as rien vu !... »

Françoise Dolto tente alors de restituer tout cela à Pierre, à son niveau de compréhension, dans le vocabulaire de son image du corps en d'autres termes. Elle lui dit qu'elle sait qu'il est devenu comme ça « après le monsieur qui, dans le train, dans le noir, t'a pris quelque chose là ». Elle ajoute qu'elle pense que ce n'est pas vrai, et qu'en fait « le monsieur t'a rappelé quelque chose d'autre qui t'avait fait peur... aussi dans le noir. » Elle lui rappelle que ce n'est pas la première fois qu'il arrête de bouger parce que quelque chose lui fait peur en réévoquant l'histoire du petit frère que, en boutade, sa mère avait dit vouloir jeter au feu : « C'est drôle, les mamans... c'est bête, les mamans... ça ne sait pas ce que ça dit, les mamans... » Elle évoque ensuite avec Pierre l'épisode de la nuit d'hôtel : « Il est arrivé avec papa, que papa, un soir, dans le lit, a joué au derrière avec maman [...]. Mais ce n'est pas mal du tout, et ton papa ne savait pas que tu étais assez grand pour t'expliquer ça. » Et à propos de la réaction de son père (« Menteur ! Tu n'as rien vu ») : « Eh bien, ce n'était pas ça, c'était que papa croyait que tu étais trop petit pour te dire la vérité, mais tu avais très bien vu, et c'est parce qu'ils ont joué au derrière que toi tu es né... C'est comme ça, les grandes personnes ! »

Les paroles de Dolto ont sur l'enfant un effet spectaculaire. Pierre se lève, se précipite vers ses parents, en courant de l'un à l'autre, comme si, nous dit Dolto, il avait retrouvé grâce à ses propos sa mère et son père, autrement dit les garants réels et internes de son intégrité et de son autonomie. L'entretien avait permis l'abréaction grâce à la verbalisation du traumatisme d'avoir participé, sans que cela lui eût été expliqué, à la scène primitive. Une cure se révéla inutile.

Gilles, 8 ans [1]

Ce cas illustre parfaitement l'inscription des signifiants verbaux dans l'image du corps.

Gilles a huit ans lorsqu'il suit une thérapie avec Dolto à l'occasion d'un problème d'instabilité majeure et d'une énurésie. Alors que la cure est près de son terme, Gilles révèle ce qui le rendait instable : il devait sans arrêt se déplacer parce qu'il s'imaginait que tous les angles, de meubles, de murs, pouvaient lui lancer des flèches à partir de leur bissectrice. S'il se trouvait à l'intersection de trois trajectoires virtuelles, Gilles pensait risquer la mort. Dans les séances qui suivent, ce fantasme est associé à des événements que Gilles avait vécus à l'âge de trois ans, pendant la guerre en 1940. Alors qu'il rejoignait le sud de la France avec sa famille, il avait d'abord eu un accident dans la voiture de son père. Puis il avait failli se noyer alors que son père lui apprenait à nager. À la suite de ces deux accidents – « premières épreuves réelles pour son schéma corporel » –, Gilles était devenu anxieux et n'arrivait plus à se détacher des jupes de sa mère. C'est dans ce contexte qu'il avait assisté, contre sa mère toujours, à une conversation téléphonique entre elle et son oncle qui avait décidé de fuir en Angleterre. Toute l'angoisse de la famille s'était alors cristallisée pour lui autour de ces mots « anglais », « Angleterre » (angle-taire), nous dit Dolto.

Ces signifiants obscurs pour un enfant de trois ans avaient pris une extraordinaire importance, associés à un moment très particulier de son histoire, un moment où il était devenu régressif et attaché érotiquement à sa mère : « Ce moment avait laissé en lui les

1. 1984 *a*, p. 53-55.

mots “anglais”, “Angleterre”, comme signifiants de grandes émotions et de danger, autant pour le corps que pour le “dire à taire”. De danger, à une époque où, à cause de deux incidents successifs avec le père (accident d’auto et menace de noyade), le moi-idéal avait fait une régression vers sa mère, alors seule image adulte de sécurité protectrice, et vers une perte secondaire de continence sphinctérienne. Ce moment intense de son histoire d’enfant en cours d’organisation œdipienne, menacé par les deux hommes de sa mère, le père et l’oncle maternel, était resté enkysté sous la forme de la menace venant des bissectrices des angles, lesquels étaient armés de flèches vectrices (image de zone sexuelle anale et urétrale), persécutrices fantasmatiquement pour l’image du corps de base de l’enfant. Son corps, dans sa masse spatiale, par son instabilité motrice (image du corps fonctionnelle anale), tentait de maîtriser la phobie due aux pulsions sexuelles, la zone érogène uréto-anale était représentée dans l’espace par les Anglais et leurs supposées flèches, au lieu d’être dans le lieu de l’anus d’abord, puis du pénis [...]. »

Frédéric, 7 ans

Il s’agit d’une séquence cathartique, vécue au cours de la cure d’un enfant de sept ans abandonné à la naissance, qui avait fait déjà de gros progrès, mais qui restait tout à fait inhibé sur le plan de la lecture et de l’écriture. Elle illustre cet arrimage de l’image de base au prénom que Dolto décrit à propos de la castration ombilicale.

Cet enfant prénommé Frédéric par ses parents adoptifs multipliait dans ses dessins la lettre A. Après enquête, Dolto apprend qu’au moment de son adoption, à onze mois, Frédéric portait le prénom d’Armand. L’interprétation qui suivit mettant en relation Armand et les A dessinés resta pourtant sans effet sur l’enfant. Mais au cours de la même séance, après que Dolto avait formulé cette interprétation, elle lança à la cantonade le premier prénom de Frédéric, sans parvenir à s’expliquer son comportement sur le coup : « “Armand” [...] sans le regarder, c’est-à-dire en ne s’adressant pas à sa personne là présente par son corps devant moi, mais avec une voix élevée, [...] comme si j’appelais quelqu’un dans l’espace dont je ne saurais pas où il est situé. » Dolto, qui finit par croiser le regard de Frédéric, lui répète alors qu’Armand était son prénom quand il a été adopté : « Là, j'ai perçu dans son regard une exceptionnelle intensité. Le sujet Armand, dé-nommé, avait pu renouer son image du corps à celle de Frédéric, le même sujet nommé tel à onze mois. […] Il avait besoin d'entendre ce prénom non pas dit d'une voix normale, la mienne, celle qu'il me connaissait […], mais dit d'une voix sans lieu […]. C'était ce genre de voix de maternantes inconnues qu'il avait entendues quand on parlait de lui et qu'on l'appelait, lorsqu'il était à la pouponnière des enfants à adopter. » À la suite de cet épisode, Frédéric avait dépassé très vite ses difficultés à lire et à écrire. « Cette prégnance des phonèmes les plus archaïques, dont le prénom est l'exemple type, montre que l'image du corps est la trace structurale de l'histoire émotionnelle d'un être humain. »

Gilles, 2 ans[1]

Gilles était un enfant de deux ans placé dans un foyer de la DDASS après avoir été abandonné à l'âge de trois semaines. Il s'était rendu insupportable à tout le monde, refusant de manger, criant, toujours morveux et sale ; de surcroît il était couvert d'eczéma.

Le changement de comportement de Gilles commença à partir du moment où Dolto lui dit qu'il cherchait peut-être par amour pour sa mère à se faire rejeter des personnes qui s'occupaient de lui : « C'était lui qui, par amour pour sa maman qui l'avait mis au monde et l'avait porté sachant qu'elle le rejetterait du jour de sa naissance, voulait recréer avec tout le monde ce mode relationnel ! Être rejetable par tout le monde pour que tout le monde soit comme maman. »

Dans cette observation, le schéma corporel de Gilles se trouvait aliéné à une image du corps archaïque, non dynamique, qui n'a muté et soutenu le narcissisme de l'enfant qu'à partir d'une interprétation lui révélant ce qu'il fantasmait comme relation « d'aimance ».

Pierre, 3 ans[2]

Pierre est un garçonnet de trois ans adressé à Françoise Dolto à cause de maux de tête rebelles sans étiologie organique. L'enfant

1. 1986 *c*, p. 310-312.
2. 1984 *a*, p. 246-247.

se plaint effectivement en répétant : « J'ai mal à la tête. » Dolto est surprise par cette formulation, car un enfant de cet âge dirait plutôt, à son avis, « J'ai mal à *ma* tête » en la montrant. Elle lui demande alors : « Tu as mal à la tête où ? Montre-moi où tu as mal à la tête. » Et Pierre désigne alors son aine. Elle insiste : « Tu as mal à la tête de qui ? – La tête à ma maman. »

Lors de l'entretien qui suit avec la maman, celle-ci avoue souffrir elle-même de maux de tête à l'occasion de ses règles, ce qui l'amène régulièrement à interrompre son travail. Quant aux céphalées de Pierre, elles avaient commencé en début de maternelle, précisément un jour où la maman avait ses règles et était restée à la maison. Il ne s'agissait à ce moment, nous dit Dolto, que d'une formule sans signification pour l'enfant qui ne désirait en fait que rester à la maison avec sa mère : « Il disait les mots, ces phonèmes plutôt, pour lui à effet magique, ceux qui faisaient rester maman à la maison. Pourquoi pas lui ? "J'ai mal à la tête." Mais voilà ! on avait pris ces phonèmes, cette suite de mots, comme l'expression d'une douleur de sa tête à lui. »

À la fin de cette vignette, Dolto souligne « qu'écouter un enfant, c'est important, mais à condition de comprendre ce que parler veut dire à l'âge qu'il a. Et ceci dépend de l'image du corps, qui est un langage et un langage qui ne devient un langage au nom de l'enfant qu'après l'acquisition de l'autonomie complète, et surtout après la castration œdipienne. »

Un garçon, 10 ans [1]

Il s'agit du cas d'un enfant de dix ans amené en consultation pour instabilité et agitation. Françoise Dolto lui propose de faire un dessin ou un modelage. L'enfant choisit de modeler une reproduction d'un petit cheval qui était sur une étagère : il commence par le réaliser très correctement, puis lui coupe d'abord une patte à moitié, puis les trois autres. Le poulain ressemble alors à un basset, mais l'enfant considère pourtant sa reproduction terminée.

Lorsqu'elle rencontre le père, Dolto constate qu'il est amputé d'un bras. Cette mutilation était arrivée pendant la guerre quand cet homme avait dix-neuf ans, son fils l'avait donc toujours connu

1. 1985 *b*, p. 181-190.

ainsi. Dolto demande à celui-ci s'il sait les circonstances dans lesquelles son père a perdu un bras : « Le garçon devient rouge, puis noir d'émotion, il s'effondre en larmes. "Mais je ne savais pas, on ne m'avait pas dit qu'il n'avait qu'un bras." Et au père interloqué, le garçon répond "qu'il croyait que c'était trop mal" », des mots que Dolto interprète ainsi : « Trop mal d'avoir vu que son papa n'avait qu'un bras. Cela n'avait jamais été humanisé par la parole. Le père n'avait jamais pensé à en parler à son fils. »

À la suite de cet entretien cathartique, les troubles que présentait l'enfant disparaissent et un travail plus long devient inutile. Conclusion de Dolto : « Les choses qui ne sont pas dites, on n'a pas le droit de les savoir dans sa pensée. Au lieu de quoi, un corps en provoque un autre. »

Robert, 3 ans [1]

Robert est un garçon de trois ans qui, depuis la naissance de son petit frère Pierrot, est très agressif à son égard ; il est devenu encoprésique, anorexique et il a régressé dans son langage. Françoise Dolto propose à la maman de modifier son attitude envers Robert avant d'envisager une quelconque thérapie.

Jusque-là en effet, la mère le punissait et le culpabilisait d'être jaloux. « "Robert n'est pas méchant, il souffre", lui dit Dolto. Je lui recommande, dès qu'elle verra un geste agressif de Robert à l'égard d'un objet appartenant à son frère, de donner, au lieu de le blâmer, la parole au "négatif". Qu'elle dise par exemple : "Les affaires de Pierrot traînent partout." Si des gens complimentent le bébé, qu'elle dise à la cantonade : "Pierrot, Pierrot, toujours lui qu'on admire. Et pourtant il n'est bon à rien, qu'à dormir, manger et salir ses couches. Ce que les gens sont bêtes, comme si un bébé, c'était si intéressant" [...]. Qu'elle n'évite surtout pas de donner ses soins au bébé devant Robert, comme elle s'ingéniait à le faire, pour ne pas éveiller la jalousie de l'aîné. Au contraire, qu'elle fasse des gestes maternels vis-à-vis du bébé, en le langeant, lui donnant le biberon tout en émettant à son propos des jugements défavorables sur un ton très gentil. » Et à la maman, un peu surprise de ces conseils, Dolto explique qu'« il ne s'agit pas de donner rai-

1. 1969 *a*, p. 103-104.

son aux actes de Robert, mais de lui faire comprendre, par des paroles, les mobiles qui l'animent : de mettre des mots justes sur sa souffrance ».

En quelques jours, les difficultés de Robert disparaissent, et c'est lui qui reproche alors à sa mère les propos méchants qu'elle tient envers Pierrot. Dans le cas de Robert, la psychothérapie n'a pas été nécessaire, car il a pu surmonter dans le milieu familial, grâce au changement d'attitude de sa mère, l'identification régressive et angoissante à son petit frère qui le conduisait à mettre en cause les castrations symboligènes qu'il avait lui-même surmontées.

Une petite fille de deux semaines[1]

C'est l'observation d'un nourrisson de deux semaines qui refusait le sein et restait niché dans le giron de sa mère.

La mère, sans difficultés apparentes, avait déjà trois enfants. Au cours de l'entretien elle raconte que c'est à l'occasion de cette quatrième grossesse qu'elle avait pris conscience de la mort de sa propre mère, celle-ci s'était occupée en effet des autres enfants et de la maison lors des précédents accouchements. Son décès survenu entretemps avait entraîné de multiples difficultés pour placer les enfants à l'occasion de cette dernière naissance. La maman ajoute que c'est le jour où elle a appris que son fils cadet n'était pas bien chez les personnes chez qui il séjournait que sa petite fille n'a plus voulu téter.

À la suite de cet entretien, Dolto explique tout cela au bébé, après l'avoir l'appelée par son prénom : « Tu as entendu ce que ta maman a dit : tout allait bien pour toi pendant que tu étais dans son ventre ; tu es née, tu as respiré, tu as crié, tu as connu le monde autour de toi. Ta maman a eu du lait ; c'est toi qui as appelé le lait pour qu'il vienne, et il était là. Et il est encore là dans sa poitrine. Et voilà qu'un jour tu as appris, en même temps que ta maman, par l'intermédiaire de ton papa, que ça ne marchait pas très bien à la maison avec tes grands frères et ta sœur. Peut-être alors tu t'es dit : "Ma pauvre petite maman ! Il faut que je me remette dedans comme avant, puisque ça marchait bien quand j'étais dans ton ventre. Il faut que je retourne en arrière." » Puis, après avoir à nou-

---

1. 1985 *b*, p. 209-212.

veau évoqué le décès de la grand-mère maternelle avec la maman, Dolto s'adresse à nouveau à l'enfant : « Nous sommes en train de parler de ta grand-mère qui est morte bien avant que tu n'entres dans le ventre de ta maman ; et, au moment où tu allais naître, ta maman pensait beaucoup à ta grand-mère, sa mère à elle, qui est aussi la mère de ta tante, celle qui garde ton petit frère. Mais il faut que tu fasses toute une vie avant d'aller voir ta grand-mère là où elle est. » Une intervention que Dolto commente en ces termes : « Pour cette enfant, vivre s'accompagnait d'un état dépressif qui était en résonance avec le deuil que faisait sa mère, et les soucis présents de celle-ci, dont elle avait l'intuition. Pour une enfant si près encore de l'avant-vie, mourir signifiait peut-être rechercher la personne qui occupait les pensées de sa mère, et qui, d'après celle-ci, savait s'occuper des enfants. » Et, pour convaincre la maman que sa fille comprend tout ce qui lui est dit, elle demande à ce nourrisson de quinze jours de tourner son visage vers elle : « Si tu entends ce que nous disons en parlant pour toi, tourne la tête vers moi, pour que ta maman comprenne que tu es intelligente et que tu l'aimes », un mouvement que le bébé ébauche alors. Dès le lendemain de cette rencontre, l'enfant s'était remise à téter et à reprendre du poids.

Un garçon, 8 ans[1]

Un enfant de huit ans réalise le modelage d'un fauteuil au cours d'une séance. Françoise Dolto lui demande : « – Où serait-il ? – Dans le grenier. – Mais il a l'air très solide, et on ne met pas de fauteuils très solides dans le grenier. – Oui, c'est vrai. – Eh bien, qui serait ce fauteuil si c'était quelqu'un ? – Ce serait le grand-père... Parce qu'on dit qu'il est vieux et qu'il ne veut pas mourir. – Et alors, c'est embêtant qu'il ne meure pas ? – Eh ben oui, parce qu'on n'a pas de place à la maison, et alors, nous, on est obligés d'être dans la chambre de Papa et Maman parce que lui, il ne veut pas qu'il y ait quelqu'un qui couche avec lui dans l'autre pièce. »

Par son modelage et ses paroles, cet enfant ne se contente pas qu'évoquer une difficulté familiale ; c'est pour Dolto sa propre image du corps qu'il révèle en association au problème de ce

1. 1984 *a*, p. 15-16.

grand-père invalide : « Le grand-père, en l'occurrence, incarnait un surmoi anal (culpabilité du faire, de l'agir dynamisant, progressif). Le problème était de "déjecter" cet homme tout en le gardant et le respectant. C'est probablement la raison pour laquelle l'enfant avait des rétentions anales qui s'évacuaient par non-contrôle sphinctérien, en même temps qu'il échouait dans les sublimations des pulsions orales et anales, les manipulations mentales que représente la scolarité pour un enfant. »

Un garçon, 13 ans [1]

Cette vignette commence par une séance avec un adolescent schizophrène de treize ans, grand phobique et en particulier de tout ce qui était pointu et qui pouvait le piquer ou le tuer. Lors de cette séance, il se met à proférer sur deux tons de voix différents : « Mais si, je veux le garder. – Non, salope ! Salope ! Tu ne l'auras pas. Tu sais que ce sera ta punition toute ta vie. » À la suite de cette scène qui bouleverse Dolto, la mère lui téléphone pour lui raconter ce qui s'est passé au retour de son fils à la maison. Il s'était couché et avait dormi plus de douze heures d'affilée alors qu'il n'avait jamais passé une seule nuit sans se réveiller sans arrêt.

Dolto demande alors à la maman à la rencontrer et lui rapporte les propos de son fils. Submergée à son tour par l'émotion, celle-ci lui révèle alors les circonstances de la naissance de son enfant. Il avait en réalité été adopté, et dans des conditions tout à fait particulières. Une clinique en Suisse se prêtait à des adoptions clandestines en hospitalisant en même temps la mère biologique et la mère adoptive. À la naissance l'enfant était alors immédiatement donné à ses parents adoptifs. C'est dans ces circonstances, alors que son fils adoptif n'avait que quarante-huit heures, que cette dame avait assisté à une dispute entre la grand-mère et la mère biologique qui n'avait que seize ans, une dispute qui s'était tenue à peu près dans les termes évoqués par son fils. La maman avait caché alors à tous, même à son mari, ce qu'elle avait entendu et qui l'avait traumatisée, et pourtant, nous dit Dolto, c'est bien cette scène que l'enfant avait revécue en séance. Remémoration cathartique qui lui avait permis d'abandonner ses phobies à l'égard des pulsions de mort qui l'empêchaient de s'endormir pour ne pas être « piqué ».

1. 1985 *b*, p. 167-173.

Gérard, enfant d'âge scolaire[1]

Il s'agit d'une observation exemplaire de l'attention que porte Françoise Dolto au langage non verbal dans son travail de décryptage de l'image du corps. Elle concerne un enfant d'âge scolaire, Gérard, qui avait été élevé jusqu'à son entrée à l'école seulement par sa mère. Elle était couturière et passait toutes ses journées chez elle en compagnie de son fils. Elle ne s'était pas aperçue de ses difficultés et avait seulement noté qu'il ne parlait jamais. En revanche, dès son entrée en maternelle, Gérard était devenu instable et apeuré face aux autres enfants. Il avait été rejeté au bout de quelques mois comme inadaptable. Gérard manifestait en particulier une stéréotypie étrange : son avant-bras tournait autour de son coude et sa main gauche faisait sans cesse des allers et retours horizontaux, droit devant lui.

En s'appuyant sur ce qu'elle sait des premières années de la vie de cet enfant, Dolto formule l'hypothèse suivante : « La détresse éprouvée par l'enfant à l'école, dans un milieu inconnu de lui, l'avait incité à symboliser par ses gestes compulsifs, apparemment étranges, la présence de sa mère à la machine à coudre [...]. J'ai pensé que Gérard à l'âge œdipien s'était identifié à l'objet qui prenait et possédait sa mère. » L'amélioration du comportement de Gérard, après que cela lui a été verbalisé au cours des séances, vient confirmer cette hypothèse : « Ce qui se nommait, en diagnostic psychiatrique, des compulsions d'enfant autiste était en fait un langage. Une symbolisation du langage parlé par sa mère à la machine, en même temps qu'une identification à l'autre de sa mère, la machine [...]. Dans son autisme par lequel il se défendait de la vie sociale [...] Gérard vivait un œdipe aberrant, en jouant au maître de la mère. Il "faisait manière" de père en "faisant manière" de machine. »

---

1. 1982 *b*, p. 152-153.

2

LA PSYCHOSE

La question de la psychose

On se souvient que c'est au cours des Journées sur la psychose organisées par Maud Mannoni en 1967 que Françoise Dolto présente pour la première fois le cas de Dominique. L'ouvrage qu'elle publie en 1971, *Le cas Dominique*[1], est une version développée de la cure avec Dominique et une synthèse de ses vues sur la psychose. Comme on peut s'y attendre, cette question traverse en réalité toute l'œuvre de Dolto, car il n'est pas de pathologie qui renvoie de façon plus évidente à l'archaïque, que ce soit d'un point de vue clinique, génétique ou structural. Elle vient confirmer Dolto dans son système théorique, elle en est la pointe extrême et d'une certaine façon l'expression la plus pure. Tous les éléments d'une clinique de l'image du corps, qui se dessinaient de façon ponctuelle dans les situations cliniques courantes de souffrances réactionnelles ou névrotiques, sont rassemblés autour d'une seule pathologie. La psychose est une suspension totale de la dynamique du désir, une aliénation radicale à une régression sur une image du corps archaïque et un échec absolu des castrations symboligènes. De ce point de vue il n'y a pas pour Dolto de différence logique entre les processus psychotiques et névrotiques, la différence porte en revanche sur le degré et l'antériorité de l'expérience traumatique, sur l'importance et la fixité de la régression de l'image du corps, sur le statut des pulsions de mort et sur le mode de défense

1. 1971 *a*.

enfin. Mais sur l'essentiel, le sujet, Dolto maintient qu'il échappe à la psychose qui ne concerne que son être-au-monde.

Cette conception unifiée de la pathologie conduit naturellement Dolto à envisager la possibilité de thérapies de psychotiques. Elles obéiront à son modèle général, actualisation de l'image du corps archaïque dans le transfert en vue de son exposition cathartique aux castrations symboligènes.

La question de la psychose nous donne l'occasion de retrouver chacune des conceptions chères à Dolto, auxquelles il faut ajouter l'introduction de la notion de phobie gravissime, plus spécifique des états psychotiques.

Psychose et expérience traumatique

L'expérience traumatique (dans le sens que lui donne Dolto) qui fonde la psychose est toujours antérieure à la castration primaire surmontée, c'est-à-dire avant que l'enfant n'ait pu se construire de façon suffisamment assurée dans son narcissisme primaire. Dolto distingue toutefois ici l'autisme de la psychose – seulement sur ce point, car elle les confond en revanche le plus souvent dans le reste de ses propos –, en fonction de la précocité et de la nature de l'expérience traumatique.

À l'origine de l'autisme il y a toujours à son avis une rupture précocissime, réelle ou symbolique, du lien mère-enfant : soit parce que la mère disparaît effectivement, même de façon transitoire, soit parce qu'elle ne sait pas reconnaître le désir de communication de l'enfant et y répondre.

La rupture précoce du lien mère-enfant peut survenir à l'occasion de la disparition de la mère ou simplement à l'occasion d'un changement de nourrice. Dans tous les cas, pour l'enfant qui dans les premières semaines est encore « coexistentiel » à sa mère, tout se passe comme si, en disparaissant, la mère emportait avec elle la partie du corps du nourrisson qui symbolisait leur relation : « La mère, seul objet connu avec lequel il était langagièrement et existentiellement en relation, est comme partie avec son humanisation : emportant avec elle une partie de son image du corps, parfois la bouche, ou son anus, ou son tube digestif, bref les lieux de médiation du désir[1].» Cette «amputation» porte sur l'image du corps, mais le risque vital pour l'enfant n'en est pas moins réel, comme dans le cas de la petite fille anorexique. L'enfant peut souffrir de la même blessure au lieu de médiation du désir sans que sa mère disparaisse réellement si les échanges avec elle ne sont organisés qu'autour de la satisfaction des besoins. Là encore l'enfant peut s'éprouver amputé dans son image du corps de ne pouvoir trouver de réponse à son désir de communication, à son désir «d'échanges subtils», à son désir que son désir soit reconnu en d'autres termes.

L'expérience traumatique de la séparation laisse l'enfant esseulé, abandonné dans son désir et dans sa quête de symbolisation. Mais désir et symbolisation «tournent à vide» en quelque sorte, et l'enfant peut tenter de restaurer sa relation à l'autre en substituant à l'objet perdu une partie de son corps, ses sensations viscérales ou ses perceptions. En se morcelant il peut se croire en relation avec un autre et non plus seul : «Au début de sa vie, et tant que le langage n'est pas constitué, l'enfant ne peut supporter la solitude. Elle est pour lui pathogène. Elle aliène le sujet à son corps et à l'espace immédiat, fixe, qui l'entoure. Le danger – et c'est ce qui se produit chez les enfants autistes –, c'est que le guet, qui n'amène rien, finit alors par se retourner en un guet des sensations viscérales. Elles prennent alors la place de l'objet, qui lui ne revient jamais[2].» La fonction symbolique ne sert plus la communication, mais la symbolisation de sensations détachées de tout échange : «Ainsi l'enfant dans ses pulsions orales, aux aguets du retour de sa mère, représentante de son être "lui-elle", peut, s'il souffre de ne pas la voir, chercher de façon hallucinatoire à trouver le leurre de la présence de celle-ci dans des perceptions qui le surprennent [...]. Le bébé solitaire peut être ainsi piégé et peut laisser se construire en lui une sémiotique aberrante quant au code du langage [...]. Beaucoup de gestes compulsifs d'autistes signifient que ces gestes ont un sens pour eux de présence maternelle et de rencontre avec des êtres invisibles, substituts d'un être charnel qui a trop manqué pour construire leur psychisme dans le code mimique, sonore et visuel humain[3].» Pour survivre à la menace d'anéantissement représentée

1. 1969 *a*, p. 299.
2. 1982 *b*, p. 157.
3. 1982 *b*, p. 152.

par la rupture du lien symbolique avec sa mère, l'enfant s'enferme dans un univers de présences hallucinées qui lui interdit toute nouvelle rencontre, et en particulier les retrouvailles avec sa mère devenue le fantôme de sa mère d'avant la rupture.

Quant à l'expérience traumatique à l'origine de la psychose, elle est pour Dolto plus directement liée à des lacunes libidinales parentales, mais elle affecte, comme dans l'autisme, la dynamique du désir à des étapes très précoces : un enfant dans la psychose est un enfant dont l'image du corps n'a pas muté pour n'avoir pas rencontré les castrations symboligènes. Plus exactement, une expérience a mobilisé une modalité archaïque, et perverse, du désir de l'enfant et il n'a pas rencontré alors la castration qui lui en aurait permis la symbolisation. L'échec d'une castration symboligène est psychotisant en ce qu'il aliène l'enfant à une image du corps attachée à une visée archaïque du désir.

Dolto considère que la dynamique libidinale des parents se trouve toujours impliquée d'une manière ou d'une autre, soit que les parents aient été pour des raisons inconscientes incapables de donner une castration, soit qu'ils cautionnent inconsciemment la pérennisation d'un mode relationnel archaïque avec l'enfant. C'est même la problématique libidinale de toute la famille qui lui paraît devoir être prise en compte, et Dolto est la première à énoncer fermement « qu'il faut trois générations pour qu'apparaisse une psychose[1] ». Elle nous en donne l'exemple dans le cas Dominique. Dominique s'était trouvé au cœur d'une « mauvaise rencontre » : celle d'un homme névrosé, son père, incapable d'assumer son rôle, et d'une femme, sa mère, inconsciemment incestueuse. Chacun de ses parents s'était construit autour d'une lacune grave de sa propre histoire avec ses propres parents. À ses questions inconscientes, Dominique n'avait reçu de ses parents aucune réponse conforme à la loi. La lacune symbolique dont chacun de ses parents s'accommodait s'était redoublée pour Dominique et le laissait sans recours : « *Il faut donc trois générations pour qu'apparaisse une psychose* : deux générations de grands-parents et parents névrosés dans la génétique du sujet, pour qu'il soit psychosé. Il faut que l'un des géniteurs du sujet ait une lacune de structure

1. 1971 *a*, p. 246.

préœdipienne ou œdipienne de la libido à un des stades de son évolution, et qu'il ait rencontré dans la structure inconsciente de son conjoint un manque analogue, venant chez lui aussi d'au moins un de ses parents. Lorsqu'on analyse un psychotique, on découvre que, dès son jeune âge, il n'a pas eu de moi idéal représenté par un adulte parental génitalement couplé, ni dans la réalité, ni d'une façon symbolique[1].» Dans cette perspective familiale, Dolto souligne un point qui enrichit la notion systémicienne contemporaine de «patient désigné» par une référence à l'inconscient: «C'est, en effet, celui des enfants d'une famille qui est le plus doué de libido qui manifeste les plus graves troubles; car c'est lui qui, par la force de son désir, éveille plus que les autres chez ces adultes fragiles une angoisse intolérable: et ils réfrènent l'expression du désir de cet enfant dont la précocité naturelle et la richesse de sensibilité risquent de déséquilibrer leur instable équilibre libidinal inconscient[2].»

L'enfant va se trouver confronté de façon souvent brutale à l'impossibilité de ses parents de donner une castration. Dolto retrouve fréquemment dans ses cures avec des enfants psychotiques le souvenir d'un tel événement, plus exactement elle retrouve l'expérience devenu traumatisante pour l'enfant du fait qu'elle l'a conduit à échapper à une castration. On a déjà souligné que c'est seulement à ce propos que Dolto emploie le terme lacanien de forclusion, mais avec une nuance de taille. Pour Lacan la référence au nom du père manque pour l'édification même de la trame symbolique, pour Dolto, cette référence a manqué seulement autour d'une expérience identifiable, ce qui permet d'en attendre la réactualisation dans la cure, ainsi que la symbolisation. À l'instar de la rupture symbolique précoce dans l'autisme, le défaut de castration symboligène entraîne l'édification d'un système de défense profondément pathologique, d'une véritable «stratégie de non-rencontre». C'est ce que Dolto suggère à Dominique lors de leur première séance: «C'est vrai que tu déraisonnes. Je vois que tu t'en aperçois. Peut-être que tu t'es déguisé en toqué pour ne pas être grondé[3].» Dolto tend à assimiler la psychose à une superstructure défensive qui protège l'individu de l'anéantissement, mais qui, par

1. 1971 *a*, p. 246 (souligné par l'auteur).
2. 1971 *a*, p. 247.
3. 1971 *a*, p. 33.

voie de conséquence, altère gravement la maturation de l'enfant et ses capacités relationnelles. La psychose comme défense, mais défense pathogène.

Psychose et image du corps

L'enfant psychotique est aliéné dans son image du corps à une éthique archaïque antérieure à la castration œdipienne, soit que l'enfant n'ait pu l'aborder, sidéré précocement dans l'autisme, soit qu'à l'occasion d'une expérience traumatique il ait régressé sur des images du corps archaïques dans la psychose. Cette seconde occurrence est celle de Dominique à la naissance de sa jeune sœur : « Sa venue dépossédait Dominique de soi-même, l'amenant à l'identification fantasmatique à sa sœur et à la régression dans des comportements périmés, en deçà du tabou du cannibalisme, déjà acquis, ce qui signifiait la perte de son identité, la perte de sa valeur sociale et de son utilité. La régression en deçà des sublimations orales et anales lui apporte l'impossibilité de soutenir la fierté de son sexe masculin, de son nom[1]. » Dans les deux situations, autisme ou psychose au sens strict, l'image du corps n'assure plus la fonction de substrat relationnel entre l'enfant et ceux qui lui sont chers, mais seulement avec une mère hallucinée dans un corps à corps délirant et sans fin.

C'est dans ce contexte que Dolto évoque, on l'a vu, la notion de fantasmes de morcellement. Le morcellement de soi amène l'enfant à se croire en relation avec un autre, des morceaux du corps propre, des sensations viscérales deviennent des leurres de la présence maternelle. Les fantasmes de morcellement viennent sanctionner irrémédiablement l'échec des castrations symboligènes : « Ce n'est pas, bien sûr, le désir de l'Autre qui morcelle [l'enfant], puisque c'est précisément dans ce désir qu'il cherche à s'affirmer, à trouver son unité, c'est seulement *la façon* dont l'Autre va lui répondre ; c'est par exemple l'expérience de la satisfaction de l'Autre, qui peut le morceler, mais non la sienne propre[2]. » C'est d'être l'objet phallique d'un autre, qui ne peut donner la castration, qui peut être morcelant.

1. 1971 *a*, p. 188.
2. 1987 *d*, p. 123 (souligné par l'auteur).

L'enfant aliéné à une image du corps archaïque ne peut franchir les étapes narcissiques qui font se croiser image du corps et schéma corporel. Les conséquences les plus apparentes en sont un retard ou un trouble psychomoteur, et un retard ou une absence de langage. Mais plus profondément la faillite de la construction narcissique rend précaire, si ce n'est impossible, l'identification à un corps humain. Ainsi que l'écrit Dolto à propos de Dominique : « Il agit mystérieusement, il déparle ou parle d'ailleurs, d'autres lieux, d'autres rencontres, d'autres temps, de "personnages" qu'il veut "non préhistoriques" et dans lesquels une partie de sa libido se projette, aliénée, prêtée à des corps qu'il invente, étrangers aux caractéristiques des espèces connues, étrangers à l'espèce humaine, ou inversés de sexe : c'est-à-dire en situation d'érotique inarticulable à une demande venant de son corps actuel qui s'adresserait à un autre corps actuel[1]. » C'est cela, le délire de l'enfant pour Dolto, des projections de pulsions partielles qu'une image du corps archaïque ne permet pas d'intégrer et de reconnaître comme siennes.

Psychose et symbolisation

D'un point de vue symbolique, l'enfant psychotique ne souffre pas d'une carence de la fonction symbolique, dont tout être humain est doué, nous dit Dolto ; il souffre en revanche d'une impossibilité d'accéder au code symbolique commun « parce que accepter un codage, c'est accepter une castration[2] ». Dolto défend l'idée que les comportements de l'enfant psychotique ont pour lui un sens, qu'un langage qu'il faut décoder s'édifie au travers de conduites apparemment insensées : « En effet, tout est langage chez l'enfant, et à défaut de communication avec sa mère, son père, ses frères et sœurs, son entourage, il se construit toute une relation avec les objets de l'espace qui l'entourent et se crée un langage intérieur de style hallucinatoire qui ne lui rend pas audibles ni intéressants les mots et les dires des personnes vivantes.

Les autistes ont une communication extraordinairement riche et

1. 1971 *a*, p. 212.
2. 1985 *b*, p. 145.

pleine de sens avec ce que nous ne remarquons pas. Ils s'enfoncent toujours plus loin dans un monde abstrait, incompréhensible.

Ils sont comme des musiciens sans oreilles et des peintres sans yeux. Leur esprit créatif est continuellement en action, mais ne passe jamais au stade de la réalisation créatrice pour un autre. Ce sont des visionnaires, des peintres, des poètes, sans moyens de communiquer ce monde de sensations et de sentiments, qui les étreint de jouissance ou de douleur[1]. » Dolto évoque aussi plus prosaïquement la sorte de tumeur de la symbolisation que sanctionne l'état psychotique : « L'enfant psychotique est le lieu d'une véritable tumeur de la symbolisation, disons d'une tumeur imaginaire construite par une fonction symbolique qui a marché à vide et sans aucune possibilité de relation avec un autre humain[2]. »

En opérant ainsi une distinction entre fonction symbolique et accès au code symbolique commun, Dolto légitime un peu plus la thérapie d'enfants psychotiques. Elle pense qu'il doit être possible dans le transfert de partager la langue insensée de l'enfant psychotique : « Ce que je dis, c'est que les enfants psychotiques ont un code trop perturbé pour que nous les comprenions directement. Notre travail consiste à déchiffrer ce code par rapport à eux-mêmes et par rapport à leur histoire[3]. » Le comportement d'un enfant psychotique est toujours à comprendre, si aberrant soit-il : « Ce sont bien pour eux les manifestations d'un langage : c'est-à-dire d'une expression symbolique de leurs tensions internes, mais ce langage ne semble plus viser la communication de leurs émois à cet autre actuel que nous sommes en face d'eux [...]. Si nous arrivons à exprimer pour eux, dans un langage qui signifie pour nous-mêmes aussi justement que possible ce que nous percevons d'eux, lorsque cela nous est clair à nous-mêmes, nous structurons du même coup un champ de communication[4]. »

Psychose et pulsions de mort

Du point de vue pulsionnel, Dolto avance souvent que la psychose est à comprendre comme un repli univoque sur les pulsions

1. 1982 *b*, p. 143.
2. 1984 *a*, p. 219.
3. 1985 *b*, p. 145.
4. 1971 *a*, p. 196.

de mort, dans l'acception qu'elle leur donne : « Ils entrent dans la psychose, la psychose où domine ce qu'on appelle la pulsion de mort, ce qui ne veut pas dire du tout une libido qui se retourne sur l'individu pour le détruire ; non, c'est une libido sans objet et sans sujet, qui s'éparpille comme ça par manque de désir et d'amarre pour lui, le sujet, perdu[1]. » Alors que pour l'enfant plus grand, structuré narcissiquement, les pulsions de mort sont un moyen de récupérer ses forces, pour le nourrisson, en défaut d'adulte ou de paroles symbolisantes garantes de sa cohésion, les pulsions de mort représentent un danger symboliquement mortel en l'amenant à se replier sur des images du corps purement végétatives. Les psychotiques ont rencontré les pulsions de mort quand leur désir s'est trouvé désorienté, sans pôle qui le focalise ou castration qui l'humanise, la régression topique dans l'image du corps s'est transformée alors en régression structurale de l'image du corps.

De surcroît, dans la mesure où les castrations n'ont pas été traversées, la béatitude de l'apaisement végétatif dans les pulsions de mort est fantasmée comme une fusion ou un inceste avec la mère archaïque. À l'instar du processus d'inversion de la fonction symbolique qui se transforme en « tumeur de la symbolisation », les pulsions de mort perdent leur valeur pour la survie et sont prises pour la mort elle-même : « Quand le psychanalyste est à l'état zéro, [les enfants] s'activent pendant la séance et deviennent un ; à l'inverse, si le thérapeute se réveille, ils cessent d'agir. Le mot le plus approprié serait de leur dire : "Tu vois, il faut que je dorme, car lorsque tu me fais porter le sommeil en me donnant ce que tu crois être la mort – mais qui est la vraie vie – alors tu vis, tu prends le droit de vivre[2]." »

Psychose et phobies

En assimilant la psychose à un processus de défense et le psychotique à « quelqu'un qui se défend et défend son image de base », Dolto est conduite à donner à certains états psychotiques la signification de phobies majeures : « Je crois que ce que nous appe-

1. 1981 *a*, p. 32.
2. 1987 *e*, p. 29.

lons psychose, c'est très souvent de la phobie. Nous appelons psychose un ensemble de processus de défense pour essayer de ne pas souffrir du péril grave que signifierait la perte du lien entre l'i-mage ("ici-moi-je") et mon corps. Au début de la vie, au plus près du lieu de réunion des pulsions de vie, aux sources de la vie dans l'espace du corps, il y a le danger de dissociation. Je crois que c'est ce danger qui est à l'origine desdits "psychotiques", que nous devrions considérer en réalité comme des gens en prise avec une phobie qui envahit tout contact avec autrui[1]. »

À cette étape de sa recherche, Dolto retourne la proposition qui fait des phobies de l'enfant psychotique des symptômes, et suggère au contraire que la phobie est le noyau même de la psychose, ou du moins de certaines. Tout se passerait alors comme si, en situation d'abandon symbolique, l'enfant se repliait sur son image de base et que son désir, ne s'articulant plus à une image du corps « relationnée », se révélait alors à lui comme une menace, sous la forme d'un danger phobique : « Toute phobie correspond à des images partielles archaïques qui utilisent des pulsions du sujet actuel qu'il ne connaît pas pour siennes, et qui se projettent dans le monde environnant. Cette symptomatologie phobique précocissime et défensive envahit de proche en proche toute la libido de l'enfant. Bien qu'elle arrive à utiliser, à traduire, à fixer l'angoisse et que l'imagerie phobique, si elle pouvait être partagée et comprise par l'adulte, puisse rassurer l'enfant, l'angoisse ne permet pas, quand l'état phobique est si précoce, l'expression de ces pulsions et leur partage humanisant par un autre dans le monde extérieur. L'autisme s'aggrave alors de jour en jour, visant à juguler les phobies, interdisant au désir toute visée d'objets, sans pouvoir y parvenir, parce que le vivre s'accompagne tout le temps d'une fonction symbolique chez l'être humain, et que celle-ci, dans ses imageries esseulées d'objets partiels sans intention, devient de plus en plus terrifiante. La phobie devient persécutive et l'enfant tombe dans des états psychotiques graves[2]. »

---

1. 1987 *e*, p. 18-19.
2. 1984 *a*, p. 217-218.

Le cas Dominique

Dominique Bel est un garçon psychotique de quatorze ans dont la cure durera près d'un an et demi, mais que Françoise Dolto ne rencontrera qu'à douze reprises. À vrai dire, Dolto n'affirme à aucun moment avoir réussi à guérir Dominique de sa psychose ; elle est certaine en revanche d'avoir relancé la dynamique inconsciente du désir de Dominique, à qui il reste encore un long chemin après cette cure. Dans la mesure où il est impossible de résumer en quelques lignes l'ensemble du compte rendu de Dolto à propos de cette cure, *Le cas Dominique*[1], on ne retiendra que quelques séquences exemplaires de la façon dont surgissent des interprétations articulées à l'image du corps de Dominique dans le transfert, en étayage sur ses propos et ses réalisations plastiques.

Dominique avait été adressé au CMPP où consultait Françoise Dolto pour une orientation diagnostique et un conseil en vue de son placement en institution. Dominique était suivi depuis deux ans, sans progrès notoires, dans une école de pédagogie spécialisée et arrivait avec le diagnostic de débilité simple en voie d'entrée dans la schizophrénie. À l'école, Dominique s'occupait seulement à réaliser des dessins stéréotypés d'avions, d'autos, les mêmes depuis plusieurs années.

Quand sa mère l'amène pour la première fois, le 15 juin, Dominique est derrière elle, coudes pliés, mains tombantes, « comme un chien dressé ». Il affiche un sourire indifférent et paraît totalement désorienté dans le temps et l'espace. Il parle, mais pour lui-même, et ne répond pas aux questions. Il sait lire, mais n'a aucune acquisition en calcul. D'après sa mère, Dominique est un enfant doux et facile à la maison, mais totalement enfermé dans un monde délirant. Elle explique aussi qu'il ne supporte pas qu'un objet change de place ou qu'on lave ses vêtements et qu'à l'extérieur il a la phobie des bicyclettes et des manèges.

Dominique est le deuxième d'une fratrie de trois enfants : Paul-Marie, l'aîné, a deux ans et demi de plus que lui ; Sylvie, la benjamine, est de deux ans trois quarts plus jeune. Dominique s'est développé normalement jusqu'à la naissance de cette petite sœur.

---

1. 1971 *a*.

Au retour de son séjour chez ses grands-parents, qui l'avaient accueilli durant l'accouchement de sa mère, Dominique avait manifesté une forte angoisse et s'était mis à régresser. Il était devenu énurétique, encoprétique, instable et agressif, et ne supportait pas de voir Sylvie téter; il lui arrachait le sein en hurlant: «Manger maman!» À l'entrée à l'école primaire, les difficultés s'étaient accrues à tel point qu'une première consultation psychiatrique avait eu lieu à cette époque. Dominique avait bénéficié d'une psychothérapie pendant six mois, et l'on avait conclu à un problème de jalousie envers sa petite sœur en faisant le pari d'une évolution spontanément favorable. Dominique était alors devenu l'enfant sage, craintif et totalement isolé des autres enfants qu'il était resté jusqu'à la première rencontre avec Dolto.

La mère de Dominique est fille unique. Elle garde le souvenir d'une enfance peu heureuse; elle aurait aimé entrer au couvent. Le père de Dominique, qui est très souvent absent de la maison pour son travail, a été marqué par la perte de deux frères : lorsqu'il a cinq ans, son jeune frère, qui a un an et demi, s'étouffe, puis, l'année de la naissance de Dominique, un second frère de dix-sept ans meurt dans un accident de montagne.

Dès la première séance Françoise Dolto parvient à établir une communication avec Dominique. Après s'être présentée et lui avoir résumé l'entretien qu'elle a eu avec sa mère, elle lui demande comment lui-même se sent: «Voilà, je ne suis pas comme tout le monde, quelquefois en m'éveillant, je pense que j'ai subi une histoire vraie. [...]

Je lui dis : Qui t'a rendu pas vrai.

Lui : Mais c'est ça ! Comment est-ce que vous savez ça ?

Moi : Je ne le sais pas, je le pense en te voyant.

Lui : Je pensais me retrouver dans la salle quand j'étais petit, je craignais les cambrioleurs, ça peut prendre l'argent, ça peut prendre l'argenterie, vous ne pensez pas tout ce que ça peut prendre ?

Il se tait. Je pense en moi-même : La salle, ne serait-ce pas la "sale", et je dis : Ou bien ta petite sœur ? [...].

Lui : Oh ! vous alors, comment est-ce que vous savez tout ?

Moi : Je ne sais rien d'avance, mais c'est parce que tu me dis avec tes mots des choses et que j'écoute de mon mieux; c'est toi qui sais ce qui t'est arrivé, pas moi. Mais, ensemble, on pourra peut-être comprendre.»

À quoi Dominique finit par répondre : « [...] Quelquefois je me trouve plus bête que les autres, je me dis : ça n'va plus, mais je déraisonne ! [...]

Moi : Mais c'est vrai que tu déraisonnes. Je vois que tu t'en aperçois. Peut-être t'es-tu déguisé en toqué pour ne pas être grondé.

Lui : Oh, ça doit être ça. Mais comment vous le savez ?

Moi : Je ne le sais pas, mais je vois que t'es déguisé en fou ou en idiot et que tu ne l'es pas, puisque tu t'en aperçois et que tu veux changer. »

Dans ce premier dialogue, chacun se présente en quelque sorte : Dolto établit sa place d'analyste du côté de ce que Lacan signalait comme le discours de l'Autre – « c'était donc sa propre expression par moi reçue qui m'avait fait lui répondre les mots qu'il ressentait vrais » ; Dominique, par l'irruption d'un signifiant fondamental pour lui, la « salle » qui est aussi la « sale », désigne le lieu originel de sa souffrance, et de ce qui le constitue pour l'instant.

À la fin de cette première séance Dolto rencontre à nouveau la mère de Dominique et lui affirme que son fils n'est pas un débile, mais qu'il est « fou », et qu'il peut donc être soigné. Un propos qui a pour effet de soulager la mère qui pensait son fils incurable, et qui permettra aussi pendant plus d'un an de contenir le père, convaincu que seule une opération pourrait guérir son fils.

À la deuxième séance, le 30 juin, le père de Dominique, M. Bel, est présent. Malgré les progrès de comportement survenus à la suite de la première séance, il dit rester sceptique quant à l'intérêt de la cure.

Au début de cette séance, à la suite d'une question sur son âge, Dominique se lance dans un propos totalement diffluent en y associant un geste : « Ils disent que j'ai quatorze ans, mais je crois qu'il y a très longtemps que j'avais dix ans. Mais, vous savez, moi, je ne sais pas le calcul. Et alors les rêves, c'était que je me perdais dans une gare, et là je rencontrais une sorcière, et elle me disait pas autre chose que crac, crac, crac (il fait avec ses mains l'une sur l'autre un geste d'écrasement). Moi, je cherchais un renseignement, ça commençait à être énervant, et je ne voulais pas avoir d'histoires [...]. »

L'interprétation de cette séquence est exemplaire de la ligne interprétative suivie par Dolto : « Ainsi aujourd'hui au dispensaire (sorte de gare, salle d'attente, guichet, on paie contre un reçu-ticket), on vient pour un renseignement, un re-enseignement, et on trouve une sorcière (Mme Dolto) qui parle de trois cracks ou craques… (plus tard, de la sœur, on dira qu'elle est un crack). Un crack, c'est un valeureux. Bref, aujourd'hui, pour moi, ce crac avec mimique d'écrasement est la seule dynamique qui soit une représentation d'image du corps formel : être mis entre des mâchoires broyeuses. Ce doit être ce qu'il transfère sur ma personne bizarre et valeureuse, comme d'ailleurs sur toute ébauche de contact. […] Entre nous, c'est une interconsommation, selon ce qu'il comprend des relations libidinales. »

Après cette seconde séance, Dominique s'améliore encore et peut rejoindre une classe de perfectionnement. Toutefois, les progrès sont trop spectaculaires, et il s'agit pour Dolto plutôt d'un déplacement des investissements défensifs que d'une amélioration sur le fond.

Au cours de la troisième séance, le 18 octobre, Dominique livre dans ses associations le contenu latent de ses craintes et de ses phobies. On peut entendre sa peur des femmes, de sa cousine, de Françoise Dolto, des animaux et de toute manifestation agressive.

Dominique aborde aussi ses questionnements sexuels au travers de soldats qu'on met dans des armoires, de vipères dans des arbres : association métaphorique de l'abdomen, l'armoire, et du ressenti végétatif : « Les arbres sont, dans l'imagination des enfants, une représentation anthropomorphique du ressenti végétatif. Silence des organes viscéraux dans les sensations de bien-être ou malaises viscéraux angoissants. »

À la quatrième séance, le 16 novembre, alors que le contenu manifeste de ses propos reste chaotique, Dominique semble tenter de se situer au sein du réseau confus d'identifications dans lequel il se perd. À partir du modelage d'une « vache », Françoise Dolto et Dominique ont l'échange suivant :

« Il enchaîne : Oh oui, mais cette vache, elle rêve qu'elle est un bœuf. La vache, c'est le rêve du bœuf. Mais le bœuf qu'elle rêve, il rêve qu'il est une vache.

J'interviens : Est-ce que tu crois que la vache rêve de bœuf ou qu'elle rêve de taureau ?

Lui : Ah ça, ah ben ça, je ne sais pas !

Moi : Est-ce que tu sais s'il y a une différence entre un taureau et un bœuf ?

Lui : Ah ça, ah ben, je crois que les taureaux, on m'a dit qu'ils étaient bien plus méchants. Mais cette vache, c'est une vache sacrée, et qu'est-ce qu'elle croit être ! ! eh ben ! *Tout bas* : Elle croit qu'elle est un bœuf sacré. Mais c'est un mirage [...].

Moi : Je crois que le bœuf sacré ou la vache sacrée, c'est peut-être à cause d'un béguin que tu as pour Mme Dolto ; tu veux la tourner en sacrée. »

Cette séquence révèle le trouble profond de Dominique dans les questions qui mettent en cause son narcissisme primaire : « Il y a une suspicion, un doute, une incapacité à choisir le sexe rêvé, c'est-à-dire désiré ; de savoir de quel sexe sont les gens et de quel sexe il est lui-même. S'il se projette dans un animal et qu'il le fait de moi aussi et de sa maîtresse, de quel sexe sommes-nous ? Nous sommes sacrées, c'est-à-dire "adorables" (béguins), divines, hors de référence au désir sexuel [...]. »

Certains comportements de Dominique vont également prendre sens dans cette séance, ses phobies du mouvement, ses regards fuyants, sa voix quelquefois chuchotée. Dominique, qui a couché jusqu'à la naissance de Sylvie dans la chambre de ses parents, a « entrevu et co-vécu » la scène primitive. Cette scène, dont le souvenir et le sens lui sont encore forclos, a été vécue dans l'oralité : « Toute animation qui l'approche ou que lui-même approcherait est ressentie comme une animation prédatrice, morcelante [...]. Toute image dynamique semble être la signalisation de l'existence de Dominique en tant qu'il est encore vivant, donc pouvant encore être annulé, tué. »

Soutenue par les associations de Dominique, Dolto pose à partir de cette séance une hypothèse quant à la confusion identificatoire « traumatique » qui a fait entrer Dominique dans la psychose. De manière surdéterminée Dominique n'a pu échapper à l'identification régressive à Sylvie après sa naissance. Dans cette famille où le frère aîné prenait la place d'un père absent, près d'une mère frustrée, la naissance de Sylvie réparait fantasmatiquement les souffrances des uns et des autres. Dominique ne pouvait que tenter de s'identifier à celle qui avait toutes les valeurs, autrement dit qui portait fantasmatiquement le phallus, mais perdait en même temps son image du corps déjà marquée de la castration primaire, sans que personne dans la famille ne soit en mesure d'interrompre cette régression.

À partir des cinquième et sixième séances, les 4 et 18 janvier,

Dominique aborde plus clairement la castration primaire. À ce moment de sa cure, toute protrusion est confondue avec le pénis. Il modèle ainsi un bonhomme en désignant son pénis comme son «pis», et ses seins comme son sexe.

À la huitième séance, début mai, les questions de Dominique sur le corps humain se font précises, dans des propos qui ne sont quasiment plus délirants.

Au cours de la dixième séance, le 7 juin, Dominique aborde à nouveau la scène primitive, mais dans un registre phallique et génital maintenant. Il évoque ainsi « une statue de César, où il est beau. Moi : Comment est-il ? – Lui : Il est à califourchon sur son cheval. »

La douzième séance, fin octobre, est aussi la dernière sur la demande du père de Dominique. Alors que son fils va beaucoup mieux, celui-ci reste convaincu de l'inutilité du traitement. Élément important, Dominique accepte la décision de son père : « Eh bien, moi, je ne dis pas qu'il n'a pas raison, c'est mon père, je sais bien qu'il n'a pas tort non plus, on doit dire ça de son père, et puis je l'aime bien. » Françoise Dolto se plie aussi à cette décision dans la mesure où Dominique lui paraît prêt maintenant à aborder l'œdipe : « Le rôle du psychanalyste, par le transfert, est de libérer l'idéal du moi du sujet de sa dépendance au moi idéal névrosant, mais non de se substituer aux parents. Son rôle est aussi d'analyser le surmoi archaïque préœdipien, mais non de se mettre en travers des composantes de l'œdipe en cours d'évolution. »

Et Dolto conclut son compte rendu clinique en un bilan en forme d'espoir : « Dominique n'est guéri que de sa régression psychotique. Est en cours une élaboration tardive des composantes de l'œdipe. Son sexe est réhabilité pour son narcissisme, son corps propre en tant qu'humain aussi. Son sens critique s'exprime. Son affectivité est en communication avec les autres. Il a repris confiance en son avenir. Il assume son désir de libération, pour lequel il admet de temporiser – bien que fâché – au nom de l'autorité paternelle. »

QUATRIÈME PARTIE

POUR UNE SOCIÉTÉ DU SUJET

1

UNE PSYCHANALYSTE DANS LA CITÉ

En 1939, Françoise Dolto avait dédié sa thèse de médecine aux pédiatres afin de leur montrer l'intérêt de la psychanalyse dans la compréhension et la guérison de nombreux troubles fonctionnels de l'enfant. À trente et un ans elle avait certainement la conviction de prolonger naturellement l'œuvre de Freud en élargissant son audience à un public de médecins qui n'étaient pas psychanalystes. Près de quarante ans plus tard, Françoise Dolto renouvelle son geste, et l'élargit, en acceptant de participer à une émission de radio dans laquelle elle intervient en tant que psychanalyste pour répondre aux questions de parents en difficulté avec leur enfant. Son objectif est le même qu'en 1939 : grâce aux connaissances psychanalytiques, elle veut prévenir les malentendus relationnels dont les enfants font les frais. Un propos qui paraîtrait indiscutable si la pensée psychanalytique n'avait pas considérablement évolué entre temps, sous l'impulsion de Lacan en particulier. En 1976, il est en effet devenu impossible d'isoler les notions psychanalytiques des conditions de leur émergence, c'est-à-dire de la cure elle-même. Lacan a théorisé la cure et son objet, le sujet, en des termes qui laissent sans recours conceptuel le psychanalyste qui se risque hors de son cabinet. Celui-ci sait qu'il n'a aucune garantie quant à l'effet de ses interventions en dehors d'un transfert identifié, il sait aussi que ses propos pourront être instrumentalisés au profit d'une visée morale ou scientiste. Françoise Dolto prend pourtant le risque d'une prise de parole publique dans laquelle elle s'appuie sur ses connaissances psychanalytiques. Comment justifier un tel pari ? Un premier élément d'explication peut être trouvé dans son propre dispositif théorique. On a vu qu'à l'encontre de Lacan Dolto donne au sujet et à la dynamique de l'inconscient une consistance propre que la psychanalyse vient seulement révéler. Le sujet existe pour elle avant la cure et il n'est pas que le produit dialectique du dispositif contingent de la psychanalyse, il lui paraît par conséquent naturellement du devoir du psychanalyste de s'engager à partager les découvertes freudiennes et à inciter la société à prendre en compte le sujet. Un second élément d'explication tient plus particulièrement aux choix éthiques de Dolto. Toute son œuvre est fondée sur la reconnaissance de l'autre en tant que sujet et sur la fonction de passeur, de révélateur du désir, qu'elle donne à l'analyste. Dans cette perspective les frontières théoriques entre l'espace de la cure et l'extérieur sont rendues éminemment perméables, et tout pousse au contraire l'analyste à défendre cette éthique à chaque niveau de sa présence dans la cité. Que ce soit d'un point de vue théorique ou éthique, l'exercice de la citoyenneté pour Dolto est rigoureusement inséparable de ce qu'elle appelle la prévention des troubles mentaux à partir des connaissances psychanalytiques.

On n'a pas manqué de lui reprocher vivement cet engagement, on a considéré qu'il dévoyait l'éthique de la psychanalyse en une morale du «bien-faire», on a particulièrement critiqué ses interventions à la radio et ses conseils qu'on trouvait trop pleins de «bon sens». On se souvient aussi qu'on lui a lancé la phrase de Freud dans une lettre à Pfister où il écrivait que «le prude souci de s'assurer qu'il n'advient aucun dommage à ce qu'il y a de plus élevé chez l'homme ne convient point à l'analyste[1]». Dolto a peu répondu à ces attaques. Elle mettait seulement en avant la nécessité de défendre «la cause des enfants» par la mise en place d'une véritable politique de prévention des troubles mentaux : «Si le rôle du psychanalyste est de permettre à un sujet névrosé ou malade mental de trouver son sens, son rôle est aussi de pousser un cri d'alarme devant la carence publique éducationnelle, les méthodes et institutions scolaires souvent pathogènes, face aux carences et au rôle pathogène individuel de bien des parents du monde dit civilisé [...]. Un immense travail de prophylaxie mentale doit s'organiser, et ce n'est pas là le rôle des psychanalystes praticiens ; mais ce tra-

1. Lettre du 25 juillet 1922.

vail ne peut pas s'organiser sans l'éclairage nouveau qu'apporte la psychanalyse[1]. »

Une telle politique de prévention ne peut s'établir pour Dolto qu'à partir d'un seul dogme : la connaissance des lois dynamiques de l'inconscient. L'éducation est d'abord une affaire d'interrelations inconscientes en famille, affirme-t-elle : « C'est beaucoup plus l'inconscient qui est agent d'éducation, réussie ou non, qu'un savoir pédagogique appris[2]. » Le nouveau-né n'est pas une cire vierge que l'éducation viendrait modeler, il est « source autonome de désir », et Dolto voudrait voir s'imposer la primauté du sujet sur le moi dans chaque domaine de l'éducation d'un enfant et dans chaque institution qui l'a en charge. À son avis, la valeur ultime d'un modèle éducatif, quel qu'il soit, et d'actualiser et de relayer les lois qui structurent l'inconscient que Dolto a articulées aux castrations symboligènes. Si l'inconscient parental est « agent de l'éducation », c'est seulement dans la mesure où les parents ont eux-mêmes rencontré et dépassé les castrations symboligènes, ce n'est que s'ils sont eux-mêmes soumis à la loi qu'ils peuvent en être les agents pour l'enfant.

En tant que psychanalyste, Dolto se donne pour tâche sociale de « libérer les relations entre adultes et enfants ». Elle veut faire entendre aux parents, et plus généralement aux adultes, que les comportements des enfants qui leur posent problème sont des moyens maladroits de communiquer avec eux. Dolto veut « rétablir la communication » entre enfants et adultes en démontrant, publiquement, que les comportements ou les troubles apparemment les moins sensés ont valeur de tentatives de communication inconscientes. Lever les malentendus, donner une signification aux troubles fonctionnels et aux conduites insupportables, c'est toujours pour Dolto relancer la dynamique du désir. Elle est certaine, et le répète souvent, qu'il n'y a pas de négatif pour l'inconscient. Tout ce qui se manifeste du côté du négatif, en comportement ou maladie somatique, peut trouver dans les mots sa signification dynamique ; le seul négatif pour l'inconscient, c'est « l'absence de symbolisation, l'absence de mot, de désir » : « L'amour comme la haine s'inscrivent au même titre dans l'inconscient, comme désir. C'est

1. 1981 *a*, p. 264.
2. 1969 *a*, p. 90.

du positif. Le seul véritable négatif, c'est l'indifférence, la non-perception[1]. » Dolto soutient dans toutes ses interventions publiques, dans ses nombreux livres destinés au grand public, ses conférences, ses apparitions dans les médias, qu'il faut donner les possibilités à un enfant d'exprimer son désir, que celui-ci soit réalisable ou non : la vitalité du désir tenant à cette condition qu'il soit « parlé » et reconnu. Aux énoncés fondateurs de sa pratique analytique, sujet-désir-image du corps-castration, Dolto adjoint une dimension subversive pour l'ordre social, l'autonomie – les analystes de l'IPA qui avaient refusé l'affiliation de la SFP en 1960 l'avaient finement pressenti quand ils suspectaient Dolto de communisme du fait de ses idées sociales par rapport à la prévention !

En août 1976, le grand public découvre donc cette psychanalyste militante, qu'il ne connaît pas encore, sur les ondes de France Inter. En réalité, Dolto avait déjà participé à une émission du même type en 1969, mais sous le pseudonyme de « Docteur X ». Le Conseil de l'Ordre des médecins lui ayant interdit de donner son patronyme, Dolto répondait anonymement aux questions que lui posaient de jeunes auditeurs et leurs parents au téléphone. Ce premier essai fut à vrai dire peu concluant. Dolto se montrait quelquefois abrupte et cassante et semblait avoir du mal à échapper au piège de réponses à caractère strictement éducatif. On reconnaît néanmoins facilement son style autant que ses préoccupations essentielles à la lecture de la transcription de ces émissions[2]. Il faut noter au passage que Dolto vouvoyait tous ses interlocuteurs, si jeunes fussent-ils.

C'est probablement l'analyse de cette première expérience qui conduisit Dolto à modifier la forme de son émission sur France Inter sept ans plus tard. Elle décide en effet de rompre plus clairement qu'elle ne l'avait fait en 1969 avec la situation de la cure et de ne répondre qu'à des questions écrites. Les auditeurs devaient présenter leurs difficultés dans une lettre la plus longue possible, en n'oubliant pas d'évoquer l'histoire de l'enfant avant l'apparition du problème, ainsi que leur propre histoire. Dolto voulait en fait pousser ses auditeurs à effectuer un premier travail d'élaboration en inscrivant – au sens exact du terme – le symptôme de l'enfant dans une histoire, la sienne et la leur.

1. 1987 *d*, p. 108.
2. 1976 *a*.

Dans la préface de l'ouvrage qui retranscrit cette série d'émissions, qui dura trois ans, Dolto évoque en introduction ses doutes quand elle avait été sollicitée, mais aussi de quelle place elle a pensé finalement pouvoir répondre à ce courrier : « Mais si je suis psychanalyste, je suis aussi femme, épouse, mère, et j'ai connu les problèmes de ces rôles différents, et je connais les écueils de la bonne volonté. C'est en femme qui, bien que psychanalyste, est en âge d'être grand-mère et plus, que je parle, une femme dont les réponses sont discutables, les idées qui les guident contestables. Dans un monde mouvant dont les enfants d'aujourd'hui sont les adolescents et les adultes de demain, dans une civilisation en mutation. [...] Il s'agit d'un moment d'une recherche, la mienne, à la rencontre de problèmes actuels concernant les enfants d'aujourd'hui[1]. » On sait que Françoise Dolto a occupé dans la société française cette place de grand-mère informée de psychanalyse qu'elle anticipait bien au-delà de ce qu'elle imaginait, et probablement souhaitait. Elle surmonte donc finalement ses réticences et, en compagnie de Jacques Pradel et avec l'aide de sa fille Catherine, elle répond aux lettres de ses auditeurs. Les questions posées naissent le plus souvent de la vie courante des familles : demandes de conseils concernant la toilette, le rangement, le coucher, les rythmes journaliers, l'entrée à la maternelle ou à l'école primaire, etc. Quelquefois les parents posent une question plus particulièrement en relation avec une situation critique ou une difficulté plus spécifique avec leur enfant. Le plus souvent Dolto répond en proposant ici un petit « truc », là une analyse plus complexe, mais toujours avec humour, simplicité et une totale maîtrise didactique. Si la situation lui paraît plus grave, elle essaie surtout de convaincre les parents de la nécessité du recours à une aide spécialisée. Ses interventions sont proches d'un travail de guidance parentale en référence à l'inconscient, elles impliquent l'hypothèse qu'un conseil donné dans la réalité, qui s'adresse donc au conscient, peut soutenir des changements inconscients. Dolto essaie d'abord de faire entendre l'intelligence propre de l'enfant ; par-delà la résolution du problème actuel, elle tente de soutenir avant tout le développement d'une relation parents-enfants plus riche.

Au hasard des pages des trois ouvrages consacrés aux émissions

1. 1977 *a*, p. 12.

de Dolto[1], on peut retenir quelques extraits exemplaires du style et de l'esprit de ses interventions.

Une maman se plaint des difficultés de caractère de sa fille de neuf ans, très jalouse de sa sœur aînée âgée de douze ans, bien que cette mère pense « faire l'impossible pour être équitable ». Dolto : « La mère se trompe en essayant de tout faire pour qu'il y ait équité : il n'y a pas de “justice” pour l'enfant. Tout est injuste, à ses yeux, quand il n'a pas tout[2]. »

À propos des difficultés à changer de classe des enfants qui préfèrent leur maîtresse de l'année précédente. Dolto : « S'ils n'aiment pas leur maîtresse, la question à poser aux enfants, c'est : “Est-ce qu'elle explique bien ?” Très souvent, ils disent : “J'aime pas la maîtresse, mais oui, elle explique bien.” Eh bien, c'est le principal. Une maîtresse est là pour expliquer. Pour le reste, c'est maman qui est là[3]. »

Dolto souligne en permanence la nécessité absolue de parler à l'enfant : « Tout ce qui est parlé devient humain. Tout ce qui n'est pas parlé, pour l'enfant, reste à l'état d'insolite et n'est pas intégré à la relation qu'il a avec sa mère[4]. »

Dans ce registre une question revient très souvent au sujet des enfants qui ont été adoptés : Faut-il le leur cacher ? Sinon à quel âge faut-il le leur annoncer ? Dolto : « Je crois que c'est une mauvaise question, en ce sens que cela ne doit jamais être caché. » Elle conseille aux parents de ne jamais transformer l'adoption en un tabou, d'en parler toujours librement afin de pouvoir répondre sans réserves le jour où l'enfant posera lui-même la question de ses origines.

Aux parents qui s'interrogent quant à ce que l'on peut dire de la mort à un enfant, Françoise Dolto répond : « Je crois qu'on peut toujours répondre à un enfant : “Nous mourrons quand nous aurons fini de vivre.” C'est drôle à dire, mais c'est vrai. Vous n'avez pas idée de ce que cette parole peut rassurer un enfant[5]. »

À une maman qui s'inquiète des attitudes d'opposition systématiques de son enfant âgé de deux ans, Dolto propose l'explication

1. 1977 *a*, 1978 *d*.
2. 1977 *a*, p. 37.
3. 1977 *a*, p. 19.
4. 1977 *a*, p. 25.
5. 1977 *a*, p. 25.

suivante : « Cet enfant est en train de muter sa psychologie de bébé qui ne pouvait manquer de faire ce que sa maman lui demandait ; il était toujours comme sa mère le voulait, parce que sa maman et lui ne faisaient qu'un. Il arrive maintenant à distinguer "moi-moi" de "moi-toi" : il devient autant "moi" que sa maman. C'est la période du "non" qui est une période très positive si la mère le comprend. L'enfant dit "non", pour faire "oui". Ceci veut dire "non, parce que tu me le demandes" et, immédiatement, "mais en fait, je veux bien le faire, moi"[1]. »

On peut ajouter, comme dernier exemple du talent didactique de Dolto, celui du problème du rangement de la chambre : « C'est au moment où l'enfant se range lui-même, range son corps dans son lit pour dormir, qu'il comprend que les choses, elles aussi, doivent être rangées, en tout cas, que cela n'est plus pour lui "contre nature", c'est-à-dire désagréable[2]. »

Les émissions sur France Inter rendront célèbre le nom de Françoise Dolto qui, à compter de cette date, fera référence pour tout ce qui concerne les problèmes de l'enfant. Une dimension de la vie de Dolto qu'il faut examiner en allant plus loin que l'anecdote ou la simple allusion à son charisme. Dolto avait bien conscience de représenter pour beaucoup la grand-mère idéale et, même si elle a parfois manqué de vigilance par ailleurs, elle s'est refusée fermement de ce fait à transposer à la télévision ses émissions de radio. Elle craignait en effet que l'aura qui entoure les psychanalystes en général, et sa personne en particulier, n'exerce sur les téléspectateurs une fascination qui les pousse à « faire » seulement comme elle, et à prendre pour règles ce qu'elle voulait n'être qu'incitations à la réflexion. On sait que cette précaution fut vaine, comme en témoignent régulièrement, encore aujourd'hui, les articles de journaux qui usent sans recul de ce qu'ils croient être ses préceptes.

Une des limites de l'œuvre « prophylactique » de Dolto est certainement à chercher du côté de la complexité des processus sociologiques et de médiatisation. Peut-on avancer l'hypothèse d'un transfert collectif ? Peut-on transposer à l'égard du groupe social les concepts que la psychanalyse a isolés à partir du groupe familial ? Ou bien s'agit-il au contraire d'un champ radicalement hété-

1. 1977 *a*, p. 148.
2. 1978 *d*, p. 24.

rogène à celui de la psychanalyse ? Et surtout, la notion même de prévention peut-elle avoir un sens pour la psychanalyse ? La prévention au sens classique du terme implique en effet l'identification du trouble, de son étiologie ou des facteurs de risques, pour fonder sur ces données une stratégie prophylactique. Autant d'éléments étrangers à la psychanalyse qui n'a pour seule visée que la découverte dynamique, et toujours inédite, de ce qui contraint le sujet dans son dire et dans son être. La psychanalyse, par son projet autant que par ses procédures, est un espace où des paroles se croisent, et pas du tout une méthode thérapeutique qui pourrait être codifiée.

Dolto considérait quant à elle que la valeur principale du lien social tenait à sa capacité de soutenir la dynamique inconsciente individuelle, et elle est passée sans véritable rupture, de son point de vue, de la défense d'une psychanalyse du sujet à celle d'une société du sujet. On peut se demander si ce qui lui a donné un tel sentiment de continuité ne repose pas en fait sur un malentendu. Dolto pensait avoir une action dans le domaine de la prévention, mais ses conseils à la radio ne relevaient-ils pas en réalité de la thérapie ? Ses interventions avaient en effet la capacité de toucher chacun au cœur même de son histoire, et que ces histoires soient communes à beaucoup n'avait pas pour effet de les transformer pour autant en traits psychopathologiques communs, ainsi qu'on l'entend en termes de prévention. Il serait par conséquent peut-être plus juste de reconnaître aux émissions de Dolto à la radio la valeur d'une innovation audacieuse dans le domaine de la thérapie psychanalytique, plutôt que celle d'une hypothétique action préventive. Sa pratique avec les enfants avait déjà conduit naturellement Dolto à modifier et élargir les règles de la cure ; on peut se demander si elle n'a pas d'une certaine manière repoussé encore un peu plus les frontières du champ thérapeutique, en retrouvant alors l'espace séculaire des contes et des récits d'apprentissage, celui des médiations imaginaires collectives de la transmission de la loi.

2
PSYCHANALYSE ET PÉDAGOGIE

En totale cohérence avec ses visées prophylactiques, Françoise Dolto a écrit sur la question scolaire ses textes les plus militants, les plus polémiques et même, il faut le souligner, les plus virulents : « Les écoles sont les bergeries des moutons de Panurge[1] », lance-t-elle. À son avis, il faut transformer l'institution scolaire dans son ensemble. La réformer simplement ne sert à rien, il faut une véritable révolution et une remise en cause totale de ses objectifs. L'école, qui a en principe une double mission, éduquer et instruire, échoue quant à sa mission éducative et est défaillante de ce fait dans sa vocation à instruire. L'école actuelle ne s'adresse qu'au moi, à la raison et aux capacités de rationalisation, s'exclame Dolto. L'école ignore un enseignement essentiel de la découverte freudienne, c'est qu'un enfant jusqu'à la résolution heureuse et totale de son complexe œdipien, c'est-à-dire jusqu'à huit ou neuf ans, est dépendant de la dynamique libidinale familiale. Jusqu'à cet âge tout enseignement est saturé de résonances inconscientes, tout enseignement est pour l'enfant potentiellement métaphorique de ses tensions libidinales. Dolto nous en donne de multiples exemples : « Si l'enfant est inhibé dans l'apprentissage de la lecture et de l'écriture, ou qu'il y répugne, c'est que l'une ou l'autre représentent pour lui inconsciemment un risque : celui de découvrir la sexualité [...]. Que l'enfant inhibe sa lecture et son écriture signifie qu'il est encore dans le "sauvage" de ses pulsions libidinales partielles, orales et anales (du prendre et du faire). Dans ce jeu technologique qui lui est proposé,

1. 1985 *a*, p. 312.

ce n'est pas le sujet qui est alors intéressé, car il n'y voit pas une communication avec autrui[1].» Ainsi, apprendre à lire pour un enfant en plein œdipe n'est pas anodin : «Au moment où l'enfant est en train d'élaborer son interdit de l'inceste, le verbe du "lit" que leur paraît être le mot "lire" rend ce mot banni, et les activités qui entourent le fait de lire sont quelque chose qui le met dans un grand trouble[2].» L'apprentissage du calcul lui aussi peut être lesté de malentendus inconscients : «Le calcul étant tout ce qui se passe autour des nombres et des "opérations". La multiplication : comment un et un, dans la vie, quelquefois ça fait trois au lieu que un et un ça fasse deux quand c'est des choses[3].»

L'école qui devrait aider l'enfant à dépasser ces confusions, qui n'ont pas de caractère pathologique en elles-mêmes, les répète et les renforce au contraire dans son fonctionnement même, nous dit Dolto : «L'école primaire, c'est digestif. Hélas, cela pourrait déjà, à partir de l'âge de sept, huit ans, être génital, c'est-à-dire rencontre de deux esprits portant un fruit. Ce qui n'est pas du tout la même chose que d'avaler et rendre un devoir, vomi ou déféqué, et bien souligné en rouge, en vert, en tout ce qu'il faut pour que le professeur soit content, comme on a fait un beau caca pour la maman quand on est petit. Mais il n'en reste presque rien, simplement qu'il y a du savoir, mais il n'y a pas de connaissance. La connaissance, c'est d'ordre génital, et le savoir, c'est d'ordre oral, anal[4].» En entretenant de telles confusions entre l'ordre du désir et celui des besoins, entre le langage vivant et l'ânonnement mortifère, non seulement le système scolaire rate son but, mais il devient pathogène : «L'adaptation scolaire est maintenant, à part de très rares exceptions, il faut le dire, un symptôme majeur de névrose[5].»

L'école doit donc changer de toute urgence, nous dit Dolto, elle doit impérativement se réguler sur les lois du désir inconscient, ses étapes et sa logique. L'école idéale de Dolto devrait en priorité s'attacher à soutenir l'enfant dans son développement psychoaffectif en lui faisant découvrir qui il est, pourquoi il est en vie, quelles sont les lois du corps, celles des relations en famille et en

1. 1987 *f*, p. 223.
2. 1989 *b*, p. 19.
3. 1989 *b*, p. 39.
4. 1987 *c*, p. 15.
5. Mannoni M., 1965, p. 43.

société : « Je veux dire que les enfants civilisés n'entendent jamais de la bouche de leur maître, et jamais si leurs parents ne la leur ont pas dite, faute de la savoir ou de juger bon de leur dire, la formulation des lois naturelles qui régissent l'espèce humaine : les lois de la paternité et de la maternité légale, les lois régissant les instincts naturels et leur commerce en société [...]. Personne ne leur dit la loi, les droits et les devoirs que leurs parents ont à l'égard d'eux-mêmes et de leurs parents[1]. » Jusqu'à huit-neuf ans l'école devrait d'abord être un des lieux où l'enfant est stimulé dans ses questions, sa curiosité et la symbolisation de ses tensions affectives. Un tel projet implique bien évidemment une transformation du système scolaire actuel dans tous ses aspects : formation des enseignants, locaux, programmes et rythmes scolaires.

Dolto voudrait en premier lieu que la fonction éducative des enseignants soit revalorisée. Il faudrait qu'ils soient formés à intervenir aussi bien dans la sphère pédagogique que relationnelle. Dolto imagine ainsi des classes non plus dominées par un maître ou une maîtresse mais encadrées par des « diplômés motivés » formés comme des « animateurs de recherche ». Elle ne veut pas pour autant transformer les enseignants en psychothérapeutes, elle voudrait seulement qu'ils soient éclairés sur les enjeux inconscients de tout apprentissage et tout particulièrement sur leurs enjeux œdipiens : « La relation avec le maître ou la maîtresse est des plus importantes, à condition que cette personne soit crédible, en confortant l'enfant dans son attachement à son milieu et son amour pour ses parents, même si le travail qu'il fait à l'école peut lui paraître coupable par rapport à la rivalité triomphante qu'il conquiert sur ceux-ci, les dépassant en aisance sociale[2]. »

La promotion de la mission éducative de l'école est pour Dolto la meilleure garantie de la réussite de sa mission d'instruction, car elle est certaine que l'enfant est naturellement curieux d'apprendre. À condition qu'on lui en ait montré l'intérêt, l'enfant est spontanément motivé pour apprendre à lire, à compter ou à s'intéresser aux domaines de la connaissance et, à condition que son désir ne soit pas aliéné à des conflits inconscients, l'enfant va s'orienter vers les sublimations nécessaires aux acquisitions scolaires.

1. Mannoni M., 1965, p. 48.
2. 1989 *b*, p. 40.

Ce qui suppose une autre réforme, celle des rythmes scolaires et des programmes. Il faudrait en effet que l'enfant puisse, à son rythme, trouver dans la classe de quoi nourrir ses recherches. Il faudrait que l'apprentissage des matières essentielles puisse se faire quand il en a consciemment l'envie et qu'il en a les moyens inconscients. Dolto lance ainsi l'idée d'un « programme à la carte ». Chaque matière serait subdivisée en plusieurs degrés, et l'enfant composerait son programme à la fois à partir des différentes matières et de leurs différents degrés. Dans le projet utopique de Dolto, il faudrait réaliser un dérythmage global des programmes au profit de leur mise en phase avec le rythme propre du désir de l'enfant. Une réorganisation qui aurait comme première conséquence de remettre en question un des principes du système scolaire actuel et non le moins pervers d'après elle, celui de la compétition entre élèves. Il entre en effet fâcheusement en résonance avec la problématique œdipienne et peut susciter des effets contraires à ceux qui en sont attendus : « La rivalité peut [...], sans danger structurel, jouer son rôle à partir de neuf ou dix ans, mais avant, on ne sait pas ce qu'on fait et on peut déranger une structure en cours d'évolution vers la résolution œdipienne d'un enfant.

Au lieu de la rivalité vis-à-vis d'autrui, c'est la valorisation de l'identité de chaque enfant, tel qu'il est, confiant en lui-même, aimé tel qu'il est, avec ses caractéristiques passives et actives, c'est cela qu'on devrait soutenir comme valeur dans chaque enfant. Ce sont les progrès qu'il fait par rapport au désir qu'il a d'acquérir tel ou tel niveau, par rapport à sa curiosité dans une discipline dans laquelle il doit être éveillé à s'intéresser, c'est la courbe de ses progrès à lui et sans se comparer aux autres ni à leur rythme à eux[1]. »

À toutes ces réformes des « contenus », Dolto voudrait encore ajouter celle des « contenants », c'est-à-dire celle des établissements scolaires. Dolto voudrait qu'ils deviennent « la maison des enfants », de véritables « lieux de vie où les enfants seraient chez eux en dehors des cours[2] ». Elle imagine des écoles transformées en espaces intermédiaires entre la famille et la rue. Un enfant devrait pouvoir y passer la nuit s'il le souhaite, il échapperait à la pression familiale, ses parents y gagneraient en liberté en même

1. 1989 *b*, p. 26.
2. 1985 *a*, p. 336.

temps qu'ils sauraient leur enfant en sécurité. Pour Dolto il faudrait que l'école devienne un espace communautaire qui initie l'enfant à la socialisation en dehors de la famille.

Les enjeux sociopolitiques d'un tel programme sont vastes, ils participent au projet de prévention des souffrances psychiques inconscientes défendu par Dolto. L'école aurait même à son avis un rôle déterminant à prendre dans la prévention : « Plus je réfléchis à la question des psychoses des enfants encore sains de comportement, vers deux ans, et des névroses chez ceux pour qui se développent des difficultés à partir de l'âge scolaire, plus je me dis que c'est le rôle informateur et éducateur de l'école relatif aux questions concernant le corps et le sexe des enfants qui n'est pas au point [...]. Par ailleurs, tout ce qu'ils entendent et voient dans les médias, à la télé, ajoute à la confusion de ce qu'ils ressentent : émois passionnels menant à des conduites meurtrières, relations amoureuses exhibitionnistes de couples. Tout cela, concernant les relations de leurs parents à leur propre existence, ajoute des images aux questions qu'ils se posent. L'école doit changer, l'école doit répondre par un vocabulaire précis à toutes les questions de l'enfant[1]. » On l'a compris, Dolto ne demande surtout pas à l'école de développer des cours d'éducation sexuelle, mais de participer, en tant que premier et principal espace de socialisation, à l'enracinement des enfants dans leur vie de sujet, à leur enracinement dans l'histoire de leur filiation, à la symbolisation dans les apprentissages de leurs désirs par la confrontation aux castrations.

1. 1984 *a*, p. 185.

3

LA MAISON VERTE

Il est en fait un peu artificiel de retracer la démarche « préventive » de Françoise Dolto en se concentrant sur ses émissions à la radio ou ses propos sur « la cause des enfants » et la pédagogie. Il suffit de se pencher sur sa bibliographie pour découvrir qu'elle est intervenue dès le début de sa carrière dans de multiples revues destinées au grand public et qu'elle a soutenu de nombreuses expériences novatrices dans les domaines des soins ou de la pédagogie, toujours en référence à la psychanalyse. En réalité, Dolto a constamment mené de front psychanalyse et interventions sur les pratiques sociales. Il est évident que sa fréquentation quotidienne des enfants lui a permis de surmonter les interdits que les psychanalystes aussi bien que les usages sociaux opposent à de telles démarches : il était impossible à Dolto de rester passive alors qu'elle assistait à la production, souvent inconsciente, d'un futur névrosé ou d'un futur psychotique. Les nouveaux discours sur l'enfant qui foisonnèrent dès le début du siècle étant souvent, sous des apparences généreuses, tout aussi pervertissants que l'étaient les principes éducatifs d'antan, Dolto se devait de s'inscrire dans ce mouvement, même s'il lui manquait les outils théoriques qui auraient rendu son action indiscutable. Très simplement elle a choisi de s'appuyer d'abord sur ceux que leur pratique avec des enfants avaient conduits à se sentir en affinité avec ses arguments. C'est ainsi qu'en 1979, en compagnie de quelques-uns[1], elle fonde ce qui allait s'appeler la Maison verte.

1. Pierre Benoit, Marie-Emmanuelle Didier-Weill, Colette Languignon, Marie-Hélène et Michel Malandrin, Marie-Noëlle Rebois et Bernard This.

La Maison verte représente un aboutissement et une synthèse des conceptions de Françoise Dolto sur la prévention. Un lieu marqué à la fois par une extrême simplicité de fonctionnement, une grande légèreté de dispositif, et par de vraies exigences théoriques et cliniques, ce qui explique que la modestie des moyens mis en œuvre et du propos initial contraste singulièrement avec l'ampleur de l'intérêt suscité par cette expérience profondément novatrice.

Dolto souhaitait créer un lieu où parents et très jeunes enfants pourraient s'initier, ensemble, à être autonomes. Pour un enfant d'aujourd'hui la découverte du monde et des autres, que ce soit à la crèche ou à l'école, se paie de la séparation du milieu familial ; la société est organisée de telle sorte qu'il existe peu de lieux de rencontre entre parents et enfants réunis. Dolto rêvait de faire revivre des lieux intermédiaires entre la famille et le groupe social, des lieux de réunion entre familles et enfants ne se connaissant pas, des lieux de socialisation précoce ouverts aux petits et à leurs parents pour le loisir et la détente : « Mon projet était de socialiser l'enfant en présence de ceux grâce à qui il sait “qui” il est[1]. »

Mais à cette idée, somme toute banale, Dolto en ajoute une autre, plus subversive, en imaginant dans ces lieux la présence auxiliaire de personnes formées à la psychanalyse, auxquelles parents ou enfants feraient appel au cours d'un jeu ou d'une conversation. La tâche de ces personnes serait d'aider parents et enfants à découvrir ensemble les conditions de l'autonomie. Leur rôle serait aussi de « prévenir » l'apparition de manifestations de souffrances précoces, troubles fonctionnels ou manifestations plus graves, par une référence permanente à la psychanalyse : « Des micro-névroses quasi expérimentales sont ainsi déclenchées chez un bébé par l'angoisse de ses père et mère au cours des épreuves de séparations prolongées subies dans les maternités hospitalières, où l'on ignore la nécessité de la relation symbolique immédiate et intense : celle du langage, dès les premiers jours de la vie. [...] Dans notre pratique de psychanalyste, ce que nous retrouvons à l'origine de graves conflits relationnels déclarés et visibles, [...] est souvent une micro-névrose précoce que je dis expérimentale, car elle a été provoquée, imposée à l'enfant dès les premiers jours, les premières semaines de la vie, et elle aurait pu être évitée. Ces troubles tardifs sont dus,

1. 1986*f*, p. 8.

le plus souvent, non à une maladie, à un accident organique chez l'enfant ou la mère, mais à l'absence de communication symbolique précoce[1].» Il faut souligner toutefois que, tout en donnant une visée préventive au lieu qu'elle imaginait, Dolto souhaitait que les parents puissent d'abord trouver un lieu où ils viendraient avec leur enfant sans rien avoir à mettre en avant comme symptôme.

Un ancien magasin devient le premier local d'accueil, la façade est de couleur bleu-vert, mais les enfants la voient verte, donnant ainsi son nom de baptême à l'endroit, la Boutique verte ou la Maison verte. Il avait été créé en coopération avec une association de quartier du XVe arrondissement de Paris. Le financement était assuré pour un tiers par le ministère de la Santé, pour un autre tiers par la Fondation de France et pour le dernier par la Sécurité sociale. Mais, si la Maison verte bénéficie de crédits publics, Dolto ne veut surtout pas qu'elle devienne une nouvelle institution : elle doit rester d'abord un lieu de rencontre défini seulement par ses règles internes : « [la Maison verte] ne peut pas être définie par ce qu'elle est, sauf, comme je dis, comme l'équivalent de la partie couverte de jardin public dans lequel les parents peuvent venir se reposer et les enfants jouer ensemble. Lieu complètement informel, mais où le personnel d'accueil a une certaine formation psychanalytique, bien qu'aucun ne s'y comporte comme un psychanalyste dans un contrat de cure mais comme un citoyen psychanalysé qui veille à éviter le non-dit concernant la vérité que vit un enfant ou celle qui touche ce qui l'entoure[2].»

L'équipe d'accueil à la Maison verte est constituée de trois personnes, toutes psychanalysées. Une d'entre elles, la plus expérimentée en tant qu'analyste, se tient à l'écart du groupe : «Le rôle de celle-ci, son rôle social, n'est pas celui de psychanalyste tel qu'elle peut, par ailleurs, en faire métier. C'est, je dirais, celui d'*éponge à angoisse*, à l'occasion des incidents du jour, et de compétente dédramatisation des situations tendues, interparentales et infantiles[3].» En termes de fonctionnement institutionnel, Dolto et les fondateurs de la Maison verte avaient imaginé un système de rotation des équipes afin de prévenir toute identification du personnel au lieu : «Chaque jour de la semaine, ce personnel est dif-

1. 1981 *b*, p. 141.
2. 1989 *b*, p. 192.
3. 1981 *e*, p. 145 (souligné par l'auteur).

férent afin que seuls les parents et les enfants se sentent chez eux, continuum-client de la Boutique, et que personne, parmi le personnel, ne puisse imposer son style personnel[1]. »

La Maison verte accueille les enfants de leur naissance jusqu'à trois ans, accompagnés d'un ou des parents, ou d'une gardienne qu'ils connaissent bien, dans tous les cas par quelqu'un qui représente pour eux un gage de sécurité et de continuité. Il est demandé aux accompagnants de n'intervenir que par la parole auprès de l'enfant, même s'il se trouve en difficulté face à une tâche ou avec d'autres enfants, l'équipe d'accueil se chargeant de les aider à soutenir leur enfant à distance dans la découverte des autres enfants et de son environnement.

Il y a, par exemple, à la Maison verte une petite échelle sur laquelle ne parviennent à grimper que des enfants qui marchent déjà ou qui sont près de le faire. Si un enfant plus jeune s'y essaie, on lui en laisse faire l'expérience tout en le soutenant en paroles : « "Tu voudrais faire comme les autres, et tu n'y arrives pas." Alors il se cramponne. Il fait semblant de monter avec un regard suppliant pour la mère afin de pouvoir atteindre un succès imaginaire. Il faut lui dire en mots qu'il veut faire comme les autres, qu'il y arrivera un jour. Maintenant, il ne peut pas encore, mais c'est très bien d'essayer[2]. » Il est bien sûr fréquent que deux enfants se disputent un jouet ; les personnes d'accueil peuvent intervenir en disant par exemple à l'enfant que c'est lui qui rend le jeu vivant, que ce qui rend attirant le jeu de l'autre, c'est seulement qu'il a l'air plus vivant. Il y a aussi de multiples échanges autour de deux règlements de la Maison verte, *la ligne rouge* et *le tablier de caoutchouc pour jouer à l'eau*. La ligne rouge est un ruban au sol qui sépare du reste de l'espace de jeu la zone où il est permis de circuler avec un engin à roulettes ; le tablier de caoutchouc est celui qu'il est obligatoire de porter pour jouer à l'eau, les deux règles s'appliquant aux enfants comme aux adultes : « Les mamans reconnaissent très vite qu'*un règlement est intégrable lorsqu'il est localisé dans un endroit.* Loin d'être humiliant pour l'enfant, il induit un *processus de socialisation* qui le valorise et lui *donne accès à sa propre liberté*[3]. »

---

1. 1981 *b*, p. 152.
2. 1988 *c*, p. 17-18.
3. 1986 *f*, p. 15 (souligné par l'auteur).

Il s'agit donc d'aider l'enfant par la parole dans des expériences banales et quotidiennes pour lui en restituer l'intelligence par rapport à son désir. C'est, selon l'expression de Dolto, le soutenir à « s'automaterner », c'est-à-dire à assurer seul la satisfaction de ses besoins, et à « s'autopaterner », c'est-à-dire à se conduire dans le lieu social où il se trouve selon les règles implicites ou explicites en vigueur. Il s'agit en même temps d'aider les parents à accepter sans angoisse l'autonomie de leur enfant. La Maison verte doit appartenir autant aux parents qu'aux enfants, elle doit devenir pour les uns et les autres une aire de sécurité, d'expérimentation et de découverte. C'est encore un peu la famille pour l'enfant, mais ça ne l'est déjà plus : ses parents sont encore là, mais à distance et présents à lui seulement par la parole.

En complément à cette assistance immédiate aux parents et aux enfants, les personnes d'accueil interviennent dans les distorsions précoces de la relation parents-enfant. Ce qui n'est qu'un malentendu au début peut se fixer dans un trouble fonctionnel ou dans un authentique trouble psychique si rien n'est fait très tôt, si on ne pose pas que, face aux difficultés précoces, « il s'agit toujours de langage à décoder et à verbaliser au jour le jour[1] ». La Maison verte se donne ainsi la mission de prophylaxie des « maladies symboliques » chère à Françoise Dolto : « Je pensais que si l'on avait un lieu pour parler au fur et à mesure de ce qui se passe entre un bébé, sa mère et sa famille, on éviterait la charnalisation de ces signifiants dévitalisants que les enfants entendent et qui font le lit des névroses précoces, des structures mal-vivantes d'enfants et aussi certainement des maladies psychosomatiques[2]. » Il s'agit de rétablir très tôt la communication en défaut entre la mère et son enfant en leur faisant entendre le sens de ce qui est une souffrance partagée : « Ces femmes sont dans l'angoisse, et l'enfant souffre parce qu'il ne sait pas comment aider sa mère[3]. »

On n'intervient au sein de la Maison verte qu'au moment où le malentendu s'installe, et les enfants seront adressés vers des centres de consultation spécialisée s'ils présentent des troubles déjà structurés. Cette règle justifie l'anonymat qui est garanti aux

1. 1981 *b*, p. 138.
2. *In* Aubry J., 1988, p. 38.
3. 1986 *f*, p. 11.

familles, la présence d'un enfant n'étant indiqué sur un tableau que par son prénom. La Maison verte est d'abord un lieu intermédiaire, entre la maternité et la maison, entre le milieu familial et la crèche ou l'école, entre l'émergence de difficultés précoces et leur prise en charge en thérapie si elle se cristallisent.

La Maison verte de Paris, créée en 1979, a servi depuis de modèle à de très nombreux lieux de socialisation précoce en France et dans le monde. Dolto a initié un véritable mouvement, mais elle ne nous a malheureusement pas laissé de traces écrites de son analyse *a posteriori* de cette expérience. Entre l'intention militante initiale et la réalisation concrète dans le temps, il n'a probablement pas manqué de surgir des contradictions, des impasses et des concessions. De la même façon qu'on pouvait regretter que Dolto n'ait pas théorisé les effets de sa venue sur la scène publique, on se trouve face à la Maison verte en défaut d'éléments de discussion et de mise en perspective. Un véritable travail critique reste à effectuer, moins quant à la qualité du travail de prévention qu'elle a permis, qui relève encore une fois de l'idéal technocratique d'évaluation de l'efficacité de la psychanalyse, que pour ce qui concerne la pertinence, maintenue ou non, de la découverte freudienne dans un champ social tout autre. Il est certain en tous les cas que l'hypothèse d'un malentendu concernant ce que Françoise Dolto appelait la prévention vaut de façon encore plus évidente pour la Maison verte que pour les émissions de radio. Peut-on, en effet, considérer qu'une intervention précoce, dans le temps où s'installe le trouble et dans la réalité actuelle de la relation, relève de la prévention ? Ou bien ne s'agit-il pas plutôt d'un travail de psychothérapie psychanalytique précoce au sein de la cité ? Une proposition qui présente l'intérêt de délaisser la question, probablement vaine, des liens éventuels entre psychanalyse et prévention, au profit d'un renouvellement du débat sur les liens entre psychanalyse et éducation, puisqu'en fin de compte c'est à cette limite, ténue et incertaine, que Dolto nous conduit en affirmant que l'inconscient « est agent de l'éducation ».

FRANÇOISE DOLTO, DIX ANS APRÈS

Au lendemain de la mort de Françoise Dolto, la presse unanime évoqua la disparition de la « grand-mère de la psychanalyse » ou celle de « maman Dolto » en un hommage où l'émotion laissa au fond peu de place à l'œuvre : on élevait la psychanalyste au rang d'imago collective et médiatique, et on parachevait la statue dressée déjà de son vivant de celle qui saurait tout des enfants et qui aurait toutes les réponses aux angoisses d'une société déboussolée. Enfermée pour le coup dans le panthéon du bien-penser et du bien-faire, l'œuvre de Dolto ne pouvait trouver pire soutien aux yeux de la communauté analytique. Pourtant, de nombreux professionnels de l'enfance et de nombreux parents ont continué depuis à se ressourcer dans la lecture de son œuvre et à y trouver des raisons d'inventer leur pratique et leur quotidien, malgré la défiance de ses pairs. Il est difficile aujourd'hui de faire le bilan d'une telle appropriation par le grand public d'une œuvre psychanalytique faute de recul dans le temps et surtout faute d'outils méthodologiques et théoriques. L'évaluation de l'impact de la théorie de l'inconscient sur les pratiques sociales reste à faire à ce jour, si tant est qu'elle soit concevable dans son principe. On peut seulement affirmer aujourd'hui que, dix ans après sa disparition, Françoise Dolto sert de référence à des pratiques novatrices dans tous les domaines de l'enfant dès lors qu'il est question de le considérer comme un sujet, qu'il s'agisse de pédagogie, de pédiatrie ou de prévention. Dolto affirmait que « le psychanalyste ne peut se passer d'une conception de l'être humain », son charisme et son génie clinique lui ont permis de faire entendre la sienne au-delà des frontières du monde analytique. Elle a formulé une vision de l'enfant que beaucoup ont reconnue comme la leur, et qui les a soutenus dans leur intuition et leur volonté de changement dans leur domaine d'exercice. En d'autres termes, on peut affirmer que Dolto a contribué à modifier ce qu'il est convenu d'appeler la représentation de l'enfant. Mais peut-on considérer pour autant qu'elle a réalisé l'œuvre de prévention qu'elle souhaitait ? On a évoqué ici l'hypothèse que Dolto aurait plutôt repoussé les frontières du champ d'action de la psychanalyse jusqu'à rencontrer celui des mythes et des récits collectifs qui structurent une société, mais ce n'est qu'une piste parmi d'autres, et des interrogations plus fondamentales restent pendantes : l'éthique de la psychanalyse peut-elle soutenir une éthique collective ? dans quelle mesure le sujet de la psychanalyse peut-il servir de référence à la personne sociale ou au citoyen ? On sait que Dolto n'a pas répondu de façon strictement théorique à ces questions et qu'elle a d'abord initié ou soutenu des praxis originales ; il nous revient aujourd'hui d'en faire un premier bilan, sachant qu'il ne doit en évacuer ni les aspects proprement militants ni les effets inquantifiables sur les mentalités.

Quant au bilan de l'œuvre au sein du corpus psychanalytique lui-même, il faut bien reconnaître que les concepts fondamentaux de Dolto n'ont pas encore véritablement trouvé la place qui leur revient : bien que la notion d'image du corps apparaisse de plus en plus fréquemment dans des articles, c'est souvent dans des acceptions beaucoup plus étroites que celle que lui donne Dolto ; en ce qui concerne la notion de castration symboligène, plus présente, il est possible qu'elle paraisse seulement d'un usage plus immédiat au risque de rendre simplement opératoire un concept indissociable de sa référence au désir et à l'ensemble de la théorie de Dolto. Du côté des « relectures » des notions psychanalytiques proposées par Dolto, le chantier reste ouvert également : la perte d'intensité du féminisme militant a peut-être contribué à ce que ses hypothèses sur la sexualité féminine soient peu débattues ; quant à sa conception des pulsions de mort, elle ne peut être isolée de l'ensemble de sa théorie ; sa conception de la psychose enfin est aujourd'hui exposée aux attaques des tenants du comportementalisme, du cognitivisme ou de l'organicisme, à l'instar de toute approche psychogène de cette pathologie. Faut-il en rester à ce bilan mitigé ou bien peut-on penser que l'œuvre de Dolto ne fait que traverser une période de purgatoire ? Cela dépend en particulier des psychanalystes qui oseront ne pas se laisser enfermer dans une lecture dogmatique de Lacan et qui sauront voir que la clôture d'un discours ne se trouve pas forcément là où ils la dénoncent, car c'est finalement la critique principale qu'on a faite à Dolto. Alors qu'elle n'avait pas souhaité de son vivant présenter sa théorisation en système, à l'exception relative de son ouvrage *L'image inconsciente du corps*, on l'a perçue pourtant comme omnipotente, si ce n'est omnisciente, ce qui est un curieux paradoxe. Il traîne certainement dans ce fantasme un peu de ce mythe de la Déesse-Mère, mâtiné d'un machisme plus prosaïque, dont les grandes figures féminines de l'histoire de la pensée ont eu à se dégager, tâche d'autant plus rude lorsqu'on entretient justement un lien privilégié avec les mythes. Dolto ne savait pas tout, elle n'avait pas réponse à tout, mais, en étayage sur un indéniable génie clinique et une vaste expérience, elle a avancé des concepts organisateurs accordés à une éthique aussi exigeante qu'intransigeante. On l'a compris, ce n'est pas la valeur des concepts qui est en cause dans la relative marginalisation de l'œuvre théorique de Dolto, ou du moins pas plus que celle d'autres au succès plus facile, mais bien la relation à leur auteur, ce qu'en psychanalyse on reconnaît comme le transfert. La dimension théorique de l'œuvre de Françoise Dolto ne pourra probablement s'imposer qu'après qu'aura été dépassé le lien à sa personne, et de façon complémentaire à celle de Lacan.

À l'esthétique lacanienne du pur concept, Françoise Dolto a opposé une pensée baroque qui rendait justice à l'imaginaire. On a tenté de montrer ici que les différences de style étaient inséparables de conceptions différentes quant à la question du sujet et à la dynamique de la cure. Alors que Lacan en appelle seulement au jeu des signifiants, Dolto se saisit de chacune des médiations imaginaires émergeant dans l'espace de la cure, et ailleurs, pour « permettre la symbolisation des relations humaines » et fonder les images, visibles ou métaphoriques, dans leurs rapports avec le langage, rapports tout de tensions et de malentendus dont au fond seule la mort viendrait nous libérer. Mais mesurer ainsi l'écart entre Lacan et Dolto n'équivaut pas du tout à les opposer, l'un en tant défenseur de la division radicale du sujet et l'autre de son unité et de sa plénitude. Quoi qu'on en ait dit, la théorie de Dolto n'annonce en effet aucune réconciliation, et la barre dont Lacan a marqué le sujet aurait sans doute été mise par Dolto entre sujet et corps, si tant est qu'elle ait voulu formaliser sa pensée en mathèmes. L'écart demeure irréductible entre le désir et les pulsions dans la théorie de Dolto, et, quand l'ordre symbolique amène la pacification, cela reste par les voies d'un imaginaire qui dans le même temps signe la prise du sujet dans les leurres de l'espace et du temps. Si langue des images il y a, elle ne saurait réduire la double séparation entre les mots et le corps, et, entre le sujet et le moi, elle ne réalise pas la fusion.

On opposera peut-être à tout cela le statut singulier que Dolto a donné aux pulsions de mort, comme si elle avait voulu écarter de sa théorie ce qui justement serait coupure, dissociation ou « décohésion ». Ce point qui mérite à lui seul un long développement ne saurait être en tout cas réduit à une simple dénégation. On devine en particulier ses liens avec la foi chrétienne de Dolto et sa conviction d'avoir trouver dans les Évangiles le récit abouti de sa pensée psychanalytique. À la question du sens qui choit dans l'œuvre de Lacan, accompagnée du corps et de l'imaginaire, Dolto répond en faisant le pari de la transcendance du sujet ; ce qui la conduit à exclure logiquement la possibilité que ce qu'elle désigne comme pur désir se prenne comme objet, en particulier comme objet à détruire dans les pulsions de mort. Si l'on peut, et on le doit assurément, discuter des effets de la croyance sur le psychanalyste et ses théories, il est certain en revanche qu'ils n'ont pas entraîné Dolto à mettre Dieu en place de répondre à la division de l'être humain.

L'écart avec Lacan ne doit donc pas constituer le principal enjeu de l'examen de l'œuvre théorique de Dolto, il ne fournit que le moyen de la comprendre et de la situer – celui qui a été choisi ici. Il reste en effet à travailler et étudier dans une démarche critique le chemin que Dolto a suivi vers l'origine. Qu'elle pose en effet le sujet comme « hors temps et hors espace » ou qu'elle fonde la cure sur l'établissement d'un « lien de connaturalité », Dolto s'autorise à bâtir sa théorie et sa méthode sur les points les plus obscurs de la psychanalyse, quand celle-ci est confrontée à l'origine de l'homme ou à l'origine du transfert, ou pour mieux dire au concept d'inconscient lui-même. On a dit que Dolto savait entendre « l'archaïque », mais ce qui est vrai en termes cliniques est en revanche réducteur pour comprendre l'œuvre, car Dolto cherchait plutôt

« l'originaire », qui n'est ni antérieur ni inférieur à l'actuel au regard de la vie psychique. De cette recherche on n'a retenu dans cet ouvrage que les conséquences dans les registres imaginaires et symboliques, mais Dolto a suivi d'autres chemins, en particulier spirituels. La psychanalyse a son mythe des origines que Dolto a choisi d'affronter sans rien abandonner de la philosophie ou de la métaphysique. Est-elle parvenue à le dénouer ? certainement pas, mais elle a contribué à ce que la question reste en suspend sans la rabattre sur aucun dogme.

Car il faut le répéter, en guise de conclusion provisoire, Françoise Dolto comme Jacques Lacan n'attendait rien d'autre de la psychanalyse que le surgissement d'une parole qui soit tout autre que les discours du savoir, de la morale ou de la religion, une parole de vérité qui devienne fondatrice de la reconnaissance du sujet dans son affranchissement essentiel à leur égard.

ANNEXES

REPÈRES BIOGRAPHIQUES

4 août 1874	naissance de Henri Marette
4 octobre 1879	naissance de Suzanne Demmler
16 juin 1901	Henri Marette épouse Suzanne Demmler
12 avril 1902	naissance de Jacqueline Marette
31 décembre 1903	naissance de Pierre Marette
4 juin 1906	naissance de Jean Marette
6 novembre 1908	naissance de Françoise Marette
1909	départ de la nurse irlandaise
1912	décès du père de Suzanne Demmler
14 mars 1913	naissance de Philippe Marette
27 décembre 1915	naissance de André Marette
10 juillet 1916	décès de Pierre Demmler, oncle maternel et « fiancé œdipien » de Françoise Marette
30 septembre 1920	Jacqueline Marette meurt d'un cancer
21 septembre 1922	naissance de Jacques Marette
juin 1924	Françoise Marette passe la première partie de son bac
juin 1925	Françoise Marette passe la seconde partie de son bac
9 novembre 1929	début des études d'infirmière, hôpital-école de la Croix-Rouge
6 juin 1930	diplôme d'infirmière
septembre 1931	rencontre d'Edmond D.
novembre 1931 – juillet 1932	année préparatoire aux études de médecine, PCN
novembre 1932	entrée en première année de médecine

fin 1933	Philippe Marette commence sa cure avec René Laforgue
11 février 1934	rupture des fiançailles avec Edmond D.
17 février 1934	Françoise Marette commence sa cure avec Laforgue
1er mai 1935	externat dans le service du Pr Pichon, hôpital Bretonneau
septembre 1935	rencontre avec Alain Cuny chez Laforgue
décembre 1935 – février 1936	remplacement d'interne à l'hôpital psychiatrique de Maison-Blanche
5 mai 1936	externat dans le service de neuropsychiatrie infantile du Pr Heuyer, hôpital Vaugirard
1936	rencontre avec Sophie Morgenstern chez Heuyer, et Melanie Klein chez Marie Bonaparte
juillet 1936	Françoise Marette quitte sa famille
12 mars 1937	fin de la cure avec Laforgue
30 avril 1937	fin du stage chez Heuyer
1er mai 1937	stage aux Enfants malades dans le service du Pr Darre, à la consultation porte
20 juin 1938	Françoise Marette devient membre adhérent à la Société psychanalytique de Paris
1939	consultations dans le service du Pr Pichon
11 juillet 1939	soutenance de la thèse de médecine, *Psychanalyse et pédiatrie*
septembre 1940	début des consultations à l'hôpital Trousseau
1941	rencontre avec Boris Dolto
7 février 1942	Françoise Marette épouse Boris Dolto
août 1942	emménagement au 260, rue Saint-Jacques
20 février 1943	naissance de Jean-Chrysostome Dolto, dit Carlos
28 novembre 1944	naissance de Grégoire Dolto
5 août 1946	naissance de Catherine Dolto
1946-1950	Dolto travaille au CMPP Claude-Bernard, en compagnie de Berge, Mauco et J. Favez-Boutonnier
1950	consultation à la polyclinique Ney, dans le service de Jenny Aubry
16 juin 1953	première scission : Dolto, Lacan, Lagache,

	Favez-Boutonnier et Reverchon-Jouve démissionnent de la SPP
18 juin 1953	dépôt des statuts de la Société française de psychanalyse
26 septembre 1953	premier congrès de la SFP à Rome
1962	début des consultations au centre Étienne-Marcel
26 mai 1964	deuxième scission
21 juin 1964	fondation de l'École freudienne de Paris
octobre 1967	journées sur la psychose organisées par Maud Mannoni, première présentation du cas Dominique
1969	Dolto participe à ses premières émissions de radio sous le pseudonyme de Docteur X
1971	réédition de *Psychanalyse et pédiatrie*
septembre 1976	début des émissions à France Inter, *Lorsque l'enfant paraît*
6 janvier 1979	ouverture de la Maison verte
5 janvier 1980	Lacan dissout l'École freudienne de Paris
27 juillet 1981	décès de Boris Dolto
9 septembre 1981	décès de Jacques Lacan
25 août 1988	Françoise Dolto décède dans son appartement parisien

BIBLIOGRAPHIE

Catalogue des écrits et entretiens de Françoise Dolto

La bibliographie utilisée pour cet ouvrage a été établie par E. Brabant et M. Perianez ; elle a été publiée pour la première fois en 1989 dans un numéro spécial de la revue *Le coq-héron*, nº 111-112. Elle est reproduite ici avec l'aimable autorisation de l'équipe de la revue, que je tiens à remercier vivement. L'index recense la plus grande partie des textes connus de Françoise Dolto, inédits pour certains d'entre eux, ainsi que quelques enregistrements audio ou vidéo disponibles.

La date portée en tête est celle de la rédaction du manuscrit, pour autant qu'elle soit connue. Quand la date de rédaction n'est pas connue, la date mentionnée est celle de la première édition. Si la ville d'édition est Paris, elle n'est pas mentionnée.

Dans le cas des ouvrages réédités, l'édition utilisée dans ce livre, à laquelle renvoient les notes, est imprimée en gras.

1939 *Psychanalyse et pédiatrie, le complexe de castration, étude générale, cas cliniques*, Amédée Legrand, Paris, (rééditions : Éditions de la Parole, Paris, 1961 ; B. Lespiaut, 1964 ; Seuil, Paris, 1971 ; Seuil, coll. Points, 1976).

1941 Conférences d'éducation sexuelle pour garçons de 17 à 23 ans en recyclage professionnel, École technique de Courbevoie, inédit.

1945 « Psychanalyse et éducation », *in Revue de kinésithérapie*, nº 14, p. 16-19.

1946 « Observations psychanalytiques : psychanalyse et pédagogie », *in La nef*, t. 3, n° 18.
1947 *a* « Le deuxième cordon ombilical », pour l'Union des femmes françaises, inédit.
1947 *b* « Le diable chez l'enfant », in *Études carmélitaines*, « Satan » ; et *in La nef*.
1947 *c* « Éducation de la personnalité individuelle dans les familles de plusieurs enfants », *in Revue de l'Union des femmes françaises*.
1947 *d* « Hypothèse nouvelle concernant les réactions dites de jalousie à la naissance d'un puîné », *in Psyché*, t. 2, p. 524-530 (réédité et remanié *in* 1972 a).
1947 *e* « Prophylaxie du mensonge dans l'éducation », *in Psyché* (?) ; *in Revue de l'Union des femmes françaises* (?).
1947 *f* « Le vol chez l'enfant », *in Revue de l'Union des femmes françaises*.
1948 *a* « Comment on crée chez l'enfant une fausse culpabilité », *in Études carmélitaines*, septembre, « Trouble et Lumière ».
1948 *b* « Comment former la conscience de nos enfants », pour une revue catholique, inédit.
1948 *c* « Crises de l'enfant », pour une revue catholique, mars.
1948 *d* « Rapport sur l'éducation sexuelle », Sorbonne.
1948 *e* « Rapport sur l'interprétation psychanalytique des dessins d'enfants au cours des traitements psychanalytiques », *in Psyché*, t. 3, n° 17, mars, p. 324-346 (remanié en 1973).
1948 *f* « Les sensations cœnesthésiques de bien-être et de malaise, origines des sentiments de culpabilité », *in Psyché*, t. 3, n° 18-19, avril, p. 468-482 (remanié en 1973).
1949 *a* « Cure psychanalytique à l'aide de la poupée-fleur », *Revue française de psychanalyse*, t. XIII, 1, janvier-mars, p. 53-69.
1949 *b* « Journal à plusieurs voix, à propos de l'affaire Guyader, un J3 meurtrier », *in Esprit*, t. 5, mai.
1949 *c* « Problèmes de la petite enfance », *in Les conférences de l'École des parents*, 2, février.
1950 *a* « À propos des poupées-fleurs », *Revue française de psychanalyse*, t. XIV, n° 1, janvier-mars, p. 19-41.
1950 *b* « Attitudes devant le symptôme, communication au

1er Congrès international de psychiatrie infantile», Paris, septembre, in *Sauvegarde de l'enfance*, 1951 (remanié en 1974).
1950 *c* «Cinq conférences sur l'éducation sexuelle des plus petits», Radiodiffusion française, mai-juillet (publié *in extenso* par la revue *Elle*, 1953).
1950 *d* «Le cœur, expression symbolique de la vie affective», *in Études carmélitaines*, septembre 1973, «Le cœur»; repris *in* 1981 *a*, «La difficulté de vivre».
1950 *e* «De David à Picasso, orientation de la peinture française», *in La Diane française.*
1950 *f* «De la nourriture des tout-petits et du sevrage», *in L'enfant et nous.*
1950 *g* «Enfant unique - parents séparés», *in L'École des parents*, n° 7, avril.
1951 *a* «Continence et développement de la personnalité», *in Études carmélitaines*, t. 31, février 1952, «Mystique et continence»; repris *in* 1981 *a*, «La difficulté de vivre».
1951 *b* «Les grands-parents», *in Les conférences de l'École des parents*, n° 3, janvier.
1951 *c* «La psychanalyse des enfants atteints de troubles du comportement», Congrès international des médecins catholiques, rapport oral, rapport écrit.
1952 *a* «Dépendance de l'enfant vis-à-vis de ses parents», *in Études carmélitaines*, septembre, «Structure et liberté»; repris et revu *in* 1981 *a*, «La difficulté de vivre».
1952 *b* «Les troubles du sommeil» *in Les conférences de l'École des parents*, n° 5, mars-avril.
1953 *a* «Acquisition de l'autonomie», *in Études carmélitaines*, t. 32, n° spéc. «Limites de l'humain», p. 137-160.
1953 *b* «L'âge des parents», conférence à la Faculté de médecine, inédit.
1953 *c* «Animaux et plantes», *in Les conférences de l'École des parents*, n° 9, août.
1953 *d* «Cinq conférences sur l'éducation sexuelle des plus petits», (radio, 1950), *in Elle.*
1953 *e* «French and American children as seen by a French child analyst» (trad. par N. Leites : «Les enfants américains et

les enfants français vu sous l'angle psychanalytique»), *in Childhood Contemporary Culture*, p. 408-423.

1953 *f* *Nouveaux documents sur la scission de 1953*, Navarin, 1978, 64 p. (rééd. *in Analytica* n° 7).

1954 *a* «Le cas Jeannette», Congrès médico-pédagogique du centre Claude-Bernard, 9 juillet, inédit.

1954 *c* «Sur la notion de stade», texte ronéotypé, non daté, *in Actes du Congrès de Rome*, 1953.

1956 *a* «Attention aux jouets dangereux pour le psychisme des enfants», *in Sciences et avenir*, n° 107, janvier.

1956 *b* «Les dessins d'enfants», *in La presse médicale*, Noël.

1956 *c* «Travaux sur l'expression par le dessin», *in La vie médicale*, n° spéc. Noël.

1957 *a* «Cas cliniques de régression», *in Évolution psychiatrique*, t. 3, p. 427-472 (remanié en 1974; réédité *in*).

1957 *b* «Éducation spirituelle», conférence du 24 mars à Gretz, à la demande du Swami Siddhe Swarananda, inédit.

1957 *c* «Eine neue Hypothese über die sogennanten Eifersuchtsreaktionen bei der Geburt jüngerer Geschwister» (trad. 1947 *d*) *in Prax. Kinderpsychol. Kinderpsychiat.*, n° 6, p. 141-151.

1957 *d* «Et la psychanalyse? Qu'a-t-elle apporté à la compréhension de l'enfance?», *in* NRF, 17 mai.

1957 *e* «Expériences de groupes de mères en milieu hospitalier» (avec M. Cahen, P. Dubuisson), *in L'hygiène mentale*, n° 6, p. 358-376.

1957 *f* «Une expérience de groupe de mères en milieu hospitalier», *in L'hygiène mentale*, n° 6.

1957 *g* «À la recherche du dynamisme des images du corps et de leur investissement symbolique dans les stades primitifs du développement infantile», *in Psychanalyse*, n° 3, p. 297-315.

1957 *h* «Défense de l'enfance», table ronde, NRF 114, juin.

1957 *i* «Véronique muette», consultation hôpital Trousseau, notes prises en 1957, rédigées par B. This.

1958 *a* «Lourdes et les médecins», i*n Table ronde*, n° 125, mai.

1958 *b* *Le travail psychothérapique*, CMPP Claude-Bernard (rééd. Bourelier 1959).

1958 *c* «Psychoanalytische Kinderbehandlung mit Hilfe der

Blumenpuppe» (trad. H. Bräuer, 1949 *a*), *in Prax. Kinderpsychol. Kinderpsychiat.* 7, p. 40-50 (1re partie).
1959 «La situation œdipienne, situation à trois personnes, dialectique de l'autre» (?).
1960 *a* «La libido génitale et son destin féminin», *in Psychanalyse*, n° 7, 1964; remanié en 1974: *Sexualité féminine*, Scarabée/Métailié 1983, 346 p. (rééd. Laffont, coll. Le livre de poche).
1960 *b* «L'instinct maternel: qu'est-ce qu'aimer un enfant? à propos d'un enfant thalidomide», *in L'Express*, n° 10, mars, p. 18-21.
1960 *c* «L'incidence de l'entrée dans l'adolescence: interaction familiale de la puberté en rapport à la liquidation de l'œdipe», exposé au 1er Congrès de pédopsychiatrie, *in Actes du Congrès*, octobre.
1961 *a* «Personnologie et image du corps», *in Psychanalyse* 6, p. 59-92 (remanié *in* 1974; et *in* 1981 *k*).
1961 *b* «Uber Kinderpsychotherapie», (trad. de 1958 *d*), *in Prax. Kinderpsychol. Kinderpsychiat.* n° 10, p. 43-51.
1961 *c* «À propos de *Miracles en Alabama*», entretien avec J.-B. Pontalis *in Les temps modernes*, n° 187, décembre (rééd. 1963).
1962 *a* «The Dandy Solitary and Singulary», *in United Paris Review*, septembre.
1962 *b* «La verticalité, la main, le visage», conférences aux kinésithérapeutes.
1963 *a* «Le corps à corps en kinésithérapie», conférences aux kinésithérapeutes.
1963 *b* «Les mères», entretien avec J.-B. Pontalis, *in Les Temps modernes*, n° 200, janvier.
1964 *a* «La mère et l'enfant», préface, Havelock Ellis, *Études de psychologie sexuelle*, éd. Le Livre Précieux, t. 3, p. 285-334.
1964 *b* «La poupée-fleur», *in Phot Anphor*, n° 3, décembre, p. 4.
1964 *c* «Psychanalyse, affectivité et visage», conférences aux kinésithérapeutes.
1965 Préface, M. Mannoni, *Le premier rendez-vous chez le psychanalyste*, Denoël-Gonthier, coll. Femme, 182 p., rééd. coll. TEL, 1975.

1967 *a* «Réponse à Maud Mannoni», *in Lettres de l'École freudienne de Paris*, n° 2, p. 74-80 (collab. I. Roublef).
1967 *b* «Mots et fantasmes», *in Pratique des mots*, n° 1, septembre.
1967 *c* «Genèse du sentiment maternel», *in Bull. Société française de psychoprophylaxie*, n° 32, 4e trim.
1967 *d* «Les adolescents», conférences aux kinésithérapeutes, Congrès de Strasbourg, mai.
1967 *e* Préface, F. Oury et A. Vasquez, *Vers une pédagogie institutionnelle*, Maspéro, Paris, 288 p.
1967 *f* Préface, *L'enfance, situation d'abandon*, équipe de Draveil, SICE.
1967 *g* «Scène primitive et identification», *in Scarabée international*, conférence à Sainte-Anne, 5 juin.
1968 *a* «Le complexe d'Œdipe et la problématique humaine», *in Pratique des mots*, n° 3, décembre (remanié *in Pratique des mots*, n° 9, mars 1972, p. 11-22; remanié en novembre 1972 et en août 1973).
1968 *b* «Clinique psychanalytique: l'enfance, la psychose et l'institution», *in Recherches*, n° 11, Spécial enfance aliénée, décembre.
1968 *c* «Clinique psychanalytique: l'enfance, la psychose et l'institution», *in Recherches*, n° 11, Spécial enfance aliénée, décembre.
1968 *c* «Ces enfants normaux qui ne peuvent pas vivre», *in Le Nouvel Observateur*, n° 212, 28 décembre.
1968 *d* «À propos de la féminité», conférence à l'université.
1968 *e* «Analyse d'un miracle», *in* J.-B. Pontalis, *Après Freud*, Gallimard (reprise de 1961 *c*).
1969 *a* *Au jeu du désir, essais cliniques*, Seuil, 1981, 345 p.
1969 *b* «Réponse à P. Benoit, J.-P. Bauer, Ch. Melman», *in Lettres de l'École freudienne de Paris*, n° 6, p. 36-45.
1969 *c* «Réponse à M. Ritter», *in Lettres de l'École freudienne de Paris*, n° 6, p. 96.
1969 *d* «Les jeux sexuels de vos enfants», *in Planning familial*, n° 3, octobre (rééd. *in Hypnose 2000*, n° 12, p. 30-43).
1969 *e* «À propos de la fonction symbolique des mots», *in Pratique des mots*, n° 4, décembre (rééd. *in Le coq-héron*, n° 68, 1980, p. 3-5).

1969 *f* « Origines psychologiques des anomalies sexuelles des enfants inadaptés », conférence au Congrès national de l'UNAEDE, 18 avril.

1970 *a* Préface, Marianne Zisman, *Sur le maternage.*

1970 *b* « Faites confiance aux enfants », réponse à une lectrice au sujet des jeux sexuels des enfants, *in Planning familial*, n° 7, juillet.

1970 *c* « À propos d'amygdales et d'appendices » (texte tiré du séminaire « Étude comparée de la clinique et du dessin libre »), *in Le coq-héron*, n° 8, juin (rééd. 1980, *in Le coq-héron*, n° 68, p. 7-11).

1970 *d* « L'interprétation », conférence à Sainte-Anne, février, inédit.

1970 *e* « Sur l'école », entretien, 8 mai, inédit.

1971 *a* *Le cas Dominique*, Seuil, coll. Le champ freudien, 256 p. (rééd. Seuil, coll. Points).

1971 *b* « L'homme et son désir », *in Christus*, n° 71, juin.

1971 *c* « Le père aujourd'hui et demain », 1re partie, *in Pratique des mots*, n° 6, juin.

1971 *d* « Le père aujourd'hui et demain », 2e partie, *in Pratique des mots*, n° 8, décembre.

1971 *e* « Psychiatrie de l'enfant et formation des pédopsychiatres », *in Psychiatrie aujourd'hui*, mars-avril.

1971 *f* « Résolution œdipienne et latence », *in Le coq-héron*, n° 18 (rééd., *in Le coq-héron*, n° 68, 1980).

1971 *g* « L'angoisse », interview du Père Bertrand, *in Christus.*

1971 *h* « Le cas Dolto », entretien *in Le Nouvel Observateur*, n° 356, p. 10.

1971 *i* Préfaces, de « À propos du névrotique », *in Le coq-héron*, n° 13 (rééd. 1980, *in Le coq-héron*, n° 68, p. 36-39).

1971 *j* « À propos du dressage des enfants à la propreté précoce » (remanié en août 1973).

1971 *k* « Du développement de la libido féminine », conférence à Louvain, 10 décembre, inédit.

1971 *l* « Réponse à Guattari », *in Lettres de l'École freudienne de Paris*, n° 8, p. 188.

1971 *m* « Discussion du travail de R. Tostain », *in Lettres de l'École freudienne de Paris*, n° 8, p. 142-144.

1971 *n* «Discussion du travail de J. Aubry», *in Lettres de l'École freudienne de Paris*, n° 8, p. 81.
1972 *a* «Au jeu du désir les dés sont pipés et les cartes truquées», *in Bulletin de la Sté de philosophie*, n° 66, décembre, p. 101-171.
1972 *b* *Chronique de l'école-caserne*, coll. G. Oury, J. Pain, Maspéro, série pédagogique.
1972 *c* «Prophylaxie et prévention: la société, son rôle pathogène et prophylactique», *in Problèmes politico-sociaux*, n° 133-134, p. 23-26.
1972 *d* «Réflexions de psychanalyste face aux problèmes de l'enfance inadaptée», *in Rencontre - Revue de l'ICP*, n° 5, juin.
1972 *e* «Réponse à J. Nassif: d'un certain temps de l'écriture», *in Lettres de l'École freudienne de Paris*, n° 9, p. 417.
1972 *f* «Réponse à Safouan: de la doctrine freudienne en tant qu'elle fait office de religion», *in Lettres de l'École freudienne de Paris*, n° 9, p. 495.
1972 *g* «Intervention dans le débat sur l'épilepsie», mai 1972, *in Le coq-héron*, n° 30, novembre, et *Le coq-héron*, n° 31, décembre.
1972 *h* «À l'occasion du mardi-gras…», *in Le coq-héron*, n° 23-24, janvier (rééd. 1980, *in Le coq-héron*, n° 68, p. 65-66).
1972 *i* «Image du corps et psychomotricité – cas de Paul», conférence au Congrès de psychomotricité de Grenoble, septembre.
1972 *j* «Les adolescents et la contraception», entretien avec R. Bertolus et M.-F. Blain, *in Dialogue*, n° 36, juin.
1972 *k* «Entretien», *in L'Express*, n° 11, 17 décembre
1982 *l* Préface, A. Muel, *L'éveil de l'esprit : nouvelle pédagogie rééducative*, Aubier-Montaigne, 159 p. (rééd. 1977, 1988, 240 p.).
1973 *a* «Véronique muette», coll. B. This, *in Lettres de l'École freudienne de Paris*, septembre, p. 417-440.
1973 *b* «Sur la psychanalyse d'enfants, à propos du travail de J.-J. Bouquier», *in Lettres de l'École freudienne de Paris*, n° 17, p. 286-339.
1973 *c* Préface, J.-Ph. Bergeret, *Suite pour Ève*, Le Centurion, 220 p.

1973 *d* « Visées et buts de l'action rééducative dans les troubles du symbolisme », *in Pratique des mots*, n° spécial, p. 51-61.

1973 *e* « Face aux problèmes de l'enfance inadaptée, les réflexions d'une psychanalyste », *in Pratique des mots*, n° 14, p. 28-30.

1973 *f* « Information et éducation sexuelle à l'école », *in Pédagogie*, t. 28, p. 877-899.

1973 *g* « Discussion du rapport sur la pédopsychiatrie », *in Psychiatries*, n° 3, juin-juillet.

1973 *h* « Psychanalyse et foi », *in Recherche et débats*, p. 163-191

1973 *i* « Table ronde sur le problème des femmes analystes d'enfant », *in Lettres de l'École freudienne de Paris*, n° 11, p. 310-451, septembre.

1973 *j* « L'enfant et le langage, cas cliniques », conférence au Congrès des orthophonistes, Chassagny, *in Pratiques des mots*.

1973 *k* « Sur l'art brut et ses alentours », entretien avec Ch. Simatos, *in L'Herne*, n° 22, mai.

1973 *l* « L'homme quittera son père et sa mère », deux entretiens *in Parents et maîtres*, n° 81, novembre.

1973 *m* « À propos de Bruay-en-Artois », inédit.

1973 *n* *L'échec scolaire, essais sur l'éducation* (1re éd. Ergo-press, 1989).

1974 *a* « Difficultés d'une cure de psychothérapie psychanalytique dans le cadre de l'établissement scolaire où vit l'enfant », *in Le coq-héron*, n° 48-49, sept.-oct., (rééd. 1976, *in Le coq-héron*, n° 56 ; rééd. 1980, *in Le coq-héron*, n° 68).

1974 *b* « Face aux problèmes de l'enfance inadaptée, les réflexions d'une psychanalyste », *in Pratique des mots*, n° 15, p. 25-27.

1974 *c* « Sons et écriture », *in Bulletin d'information de la Fédération nationale des orthophonistes*, n° 9.

1974 *d* « Vouloir un enfant aujourd'hui », intervention au 7e colloque de la Commission familiale et conjugale du Centre catholique des médecins français, n° 19 et n° 20, janvier.

1974 *e* «Comment l'Évangile me parle», entretien, *in Approches*, t. 3, nº 40, septembre.

1974 *f* «Une psychanalyste chrétienne: Françoise Dolto», *in Informations catholiques internationales*, nº 450, p. 9-17, février.

1974 *g* «Enfance et société», dialogue avec Philippe Ariès, France-Culture, émission de Roger Pillaudis, 20 mars, 23 avril.

1974 *h* «Enfance et société», entretien avec Ph. Ariès, Radio France, cassette audio.

1975 *a* «Congrès de 1973», *in Lettres de l'École freudienne de Paris*, p. 222 et p. 225-227.

1975 *b* «Congrès de Strasbourg», *in Lettres de l'École freudienne de Paris*, nº 9, p. 189.

1975 *c* «Face aux problèmes de l'enfance inadaptée, les réflexions d'une psychanalyste», *in Pratique des mots*, nº 18-19, p. 57-61.

1975 *d* «De l'éthique de la psychanalyse d'enfants», *in Lettres de l'École freudienne de Paris*, nº 16, p. 162-165, novembre.

1976 *a* *Docteur X, SOS psychanalyste, des consultations par les ondes*, Fleurus, 381 p. (préf. et postface de Aïda Vasquez).

1976 *b* «De l'éthique de la psychanalyse d'enfants en institution», *in Psychologie pédagogie*, t. 8, p. 15-18.

1976 *c* «Fragrance», *in Sorcières*, nº 5, p. 10-17.

1976 *d* «L'école et le cœur», *in Parents et maîtres*, t. 23, p. 3-37.

1976 *e* Préface, P. David, *Psychanalyse et famille*, Armand Colin, 221 p.

1976 *f* «Intervention au Congrès de Strasbourg», *in Lettres de l'École freudienne de Paris*, nº 19, p. 49-56.

1977 *a* *Lorsque l'enfant paraît*, t. 1, Seuil, 192 p.

1977 *b* *L'Évangile au risque de la psychanalyse*, coll. G. Séverin, J.-P. Delarge, 182 p. (rééd. Seuil «Points», 1980).

1977 *c* «Des mots pour grandir», *in La vie*, 27 sept-3 oct.

1977 *d* «Ce malheureux objet du désir», *in L'éducation, l'enfant et les marchands*, nº 376, décembre.

1977 *e* «Françoise Dolto s'explique», *in Lire*, nº 28, décembre.

1977 *f* « L'enfant, la ville et la démocratie », *in La nef*, n° 64, avril-mai-juin.

1977 *g* « Pourquoi une émission quotidienne sur France-Inter », *in Psychologie*, n° 89.

1977 *h* « La poésie à l'école », entretien avec É. Roudinesco, *in Action-Poétique*, n° 67-68.

1977 *i* « La voix des enfants », entretien, *in Elle*, n° 1643, 4 juillet.

1977 *j* « Les enfants du divorce », entretien avec J. Alia, *in Le Nouvel Observateur*, n° 675.

1977 *k* « L'interprétation, Rencontres à Remoulins », *in Lettres de l'École freudienne de Paris*, n° 20, mars, p. 253.

1978 *a* « Psychothérapie des enfants et des adolescents », *in Lettres de l'École freudienne de Paris*, n° 22, p. 486-498.

1978 *b* « L'expérience de la passe », *in Lettres de l'École freudienne de Paris*, n° 23, p. 177-179.

1978 *c* « À propos d'enfants psychotiques, journées de novembre », *in Lettres de l'École freudienne de Paris*, n° 24, p. 233-241.

1978 *d* *Lorsque l'enfant paraît*, t. 2, Seuil, 220 p.

1978 *e* *L'Évangile au risque de la psychanalyse, Jésus et le désir*, coll. G. Séverin, t. 2, J.-P. Delarge, 182 p. (rééd. Seuil « Points », 1982).

1978 *f* *La foi au risque de la psychanalyse*, coll. G. Séverin, J.-P. Delarge, 183 p. (rééd. Éd. universitaires 1981 ; Seuil « Points »).

1978 *g* « L'émission Lorsque l'enfant paraît », *in Téléciné*, n° 226, mars.

1978 *h* « L'Évangile et l'éducateur chrétien », *in Parents et maîtres*, mai.

1978 *i* « Heures et jours qui suivent l'accouchement », *in Les cahiers du nouveau-né, Naître et ensuite*, n° 1-2, p. 187-266.

1978 *j* « Quelles questions les parents se posent-ils sur leurs enfants et les enfants sur leurs parents ? Pourquoi ? », *in Le lien-revue de l'Union nle. d'aide au dom. rural*, suppl. au n° 364, 9-13 juillet.

1978 *k* « Réflexions sur l'adoption », *in Médecine de l'homme*, n° 107, août-septembre.

1978 *l* «Le bon sens de Françoise Dolto», entretien, *in Téléciné*, n° 226, mars.
1978 *m* «Lorsque l'enfant paraît», entretien, *in Diététique aujourd'hui*, n° 170, janvier.
1978 *n* «Vos enfants sont plus intelligents aujourd'hui», entretien avec M. Manceaux, *in Marie-Claire*, n° 313, septembre.
1979 *a* «Entretien», par Ch. Cohen-Salmon, *in Parents*, n° 119, p. 64-69, janvier.
1979 *b* *Lorsque l'enfant paraît*, t. 3, Seuil, 188 p.
1979 *c* «Comprendre la petite enfance», *in Sélection du Reader's Digest*, n° 388, juin.
1979 *d* «Éducation quotidienne : réponse à des parents du XIVe», *in L'école des parents*, n° 8, sept-oct, p. 40-47.
1979 *e* «Parlons argent, à propos du vol, de l'argent de poche», *in L'école des parents*, n° 10, p. 54-57.
1979 *f* «Table ronde sur les effets de la transmission de la psychanalyse par l'assistance à sa consultation de Trousseau», *in Lettres de l'École freudienne de Paris*, n° 25, t. 2, p. 239-253, juin.
1979 *g* «Entretien» avec A. Gaillard, *in Le Nouvel Observateur*, n° 749.
1979 *h* «Discussion autour de *L'Évangile au risque de la psychanalyse*», *in Le coq-héron*, n° 74.
1979 *i* Préface, M. Dacher et M. Weinstein, *Histoire de Louise : des vieillards en hospice*, Seuil.
1979 *j* Préface, J. van den Brouck, *Manuel à l'usage des enfants qui ont des parents difficiles*, Seuil, coll. Virgule, 168 p.
1979 *k* Préface, L. Koch, *De l'Un-stitution : le psychanalyste, l'enfant et la fonction symbolique*, Masson.
1979 *l* *La propreté*, Seuil, cassette audio.
1979 *m* *Séparations et divorces*, Seuil, cassette audio.
1980 *a* «Éducation quotidienne : des disputes fraternelles à la confiance des parents», *in L'École des parents*, n° 1, p. 50-56.
1980 *b* «Coucher près des parents», *in L'École des parents*, n° 5.
1980 *c* «De la santé, en famille, elle est psychosomatique», *in Le coq-héron*, n° 68.

1980 *d* « L'enfant dans la ville », recueil d'articles, *in Le coq-héron*, n° 68, p. 41-64.

1980 *e* « Conversation avec Françoise Dolto : voyage au pays de soi-même », *in Panorama aujourd'hui*, n° 136, mars.

1980 *f* « Le parler vrai : Françoise Dolto », notes de 1980-1981 recueillies par J. Rouzel *in Le lien social*, n° 3, octobre 1988, p. 10-13.

1980 *g* « Note sur la fausse débilité », *in Le coq-héron*, n° 68, p. 40.

1980 *h* « Françoise Dolto », entretien autobiographique avec B. This, *in Le coq-héron*, n° 109, 1988.

1980 *i* Préface, G. Séverin et S. Dupont, *Mon enfant à l'école maternelle*, Hachette.

1981 *a* *La difficulté de vivre*, Inter Éditions, 392 p. (rééd. Vertiges/Carrère, 1986, 468 p. ; Laffont, Le Livre de Poche, 1988, 573 p.).

1981 *b* *Enfants en souffrance*, coll. D. Rappoport, B. This, Stock/Pernoud, 230 p.

1981 *c* « À propos de la langue des signes », *in Rééducation orthophonique*, n° 19, p. 263-265 (rééd., *in Pratique des mots*, n° 41, 1982, décembre, p. 27-29)

1981 *d* « L'agressivité chez le jeune enfant », *in Pratique des mots*, n° 37, décembre, p. 23-27.

1981 *e* « La Boutique verte : histoire d'un lieu de rencontres et d'échanges entre adultes et enfants », coll. D. Rappoport, B. This, *in Enfants en souffrance*, Stock/Pernoud, 1981, 230 p.

1981 *f* « Mon enfant a des tics nerveux », *in La vie*, n° 28, mai.

1981 *g* « À propos de séparations, table ronde », *in Enfants en souffrance*, Paris, Stock/Pernoud 1981, 230 p.

1981 *h* « Entretien » avec G. Suffert, *in Le Point*, n° 28, décembre 1981.

1981 *i* « Ma vie et la psychanalyse », entretien avec A. Hess, *in Les analystes parlent*, Belfond, p. 81-109.

1981 *j* « Entretien », in *Le Nouvel Observateur*, n° 880.

1981 *k* *Au jeu du désir*, Seuil.

1982 *a* *Quand les parents se séparent*, Scarabée/Métailié.

1982 *b* *Séminaire de psychanalyse d'enfants*, coll. L. Cadalgués, t. 1 ; Seuil.

1982 *c* «L'agressivité chez le jeune enfant», *in Pratique des mots*, n° 38, mars, p. 19-25.
1982 *d* «Le leurre des mots», *in Scarabée international*, n° 4, automne-hiver.
1982 *e* «Les babouches d'Aboukassem», *in Qu'est-ce que l'homme* (rééd. *in Scarabée international*, 1983).
1982 *f* Dialogue préliminaire avec E. Simion, *in Sexualité féminine*, Scarabée/Métaillié, 1983, 346 p., p. 9-25.
1982 *g* «S'il n'y avait pas Jésus», entretien avec R. Plusse *in Approches*, n° 35.
1982 *h* «Psychanalyse: parcours et travail», entretien avec Albisson, *in Esprit*, juillet.
1982 *i* «20 questions à Françoise Dolto», entretien, *in Fémina*, n° 23, 11 novembre.
1982 *j* Préface, G. Mauco, Vécu.
1983 *a* «En face de la mort», *in* Ph. Ariès, F. Dolto, cardinal F. Marty, G. Raimbault, L. Schwarzenberg, Toulouse, Privat, 222 p.
1983 *b* «Sur les psychologues», *in Le journal des psychologues*, n° 8, juin.
1983 *c* «À propos de l'anorexie mentale», entretien avec B. This, *Le coq-héron*, n° 91, p. 5-28.
1983 *d* «Ma sœur, mon amour», entretien avec J.-P. Enthoven, *in Le Nouvel Observateur*, n° 992, 11 novembre.
1984 *a* *L'image inconsciente du corps*, Seuil, 375 p.
1984 *b* «Ariès-Dolto : dialogue sur l'enfance», *in* (?), Vertiges/Carrère, 3, juillet-août.
1984 *c* «Françoise Dolto et la radio», *in Psychiatrie française*, n° 2, mars-avril.
1984 *d* «Françoise Dolto défend Lacan», *in Lire*, n° 3, décembre.
1984 *e* «Le plaisir absolu», *in Marie-Claire*, n° 380, avril.
1984 *f* «Rôle irremplaçable de la communication interpsychique entre les humains», *in Actes des 1res journées de l'UPPS*, mars.
1984 *g* «Us et abus de la guérison», *in Psychiatries*, n° 63, p. 81-93.
1984 *h* «Violence sans paroles», *in L'École des parents*, 6 juin.
1984 *i* «Discussions sur l'identification, à propos de la clinique

des psychoses précoces de G. Haag», *in Travail de la métaphore*, collectif, Denoël, p. 176-181.

1984 *j* «L'institutrice et le tout jeune enfant», entretien avec H. Gilabert, *in L'École maternelle française*, n° 4, janvier, p. 3-7.

1984 *k* «Questions de transfert», 1re partie, entretien avec F. Peraldi et C. Maillet, *in Études freudiennes*, 23, p. 95-113, avril.

1984 *l* «Questions de transferts», 2e partie, entretien avec F. Peraldi et C. Maillet, *in Études freudiennes*, 24, p. 15-135, octobre.

1984 *m* «Simple et savant», entretien, *in Châtelaine*, février (Québec).

1984 *n* «Sur le contrôle», entretien avec J. Hassoun et M. Tricot, *in Patio*, n° 2, p. 55-63.

1985 *a* *La cause des enfants*, coll. dirigé par A. Courtint, Laffont (rééd. Le livre de poche).

1985 *b* *Séminaire de psychanalyse d'enfant*, coll. J.-F. de Sauverzac, t. 2, Seuil.

1985 *c* «Désir et besoins, apprendre à dire non», *in L'École des parents*, n° 4, avril.

1985 *d* «L'enfant et son corps», *in Le journal des psychologues*, n° 25.

1985 *e* «Tu voudrais mourir», *in Laennec*, n° 304, printemps.

1985 *f* «Au sujet du psychanalyste dans les institutions», discussion, *in Les cahiers de l'IPC*, mai.

1985 *g* «L'enfant, le langage, le corps», entretien, *in Le journal des psychologues*, n° 25, mars.

1985 *h* «L'insomnie des nourrissons», entretien avec M. Manceaux, *in Éloge de l'insomnie*, Hachette.

1985 *i* «Le non-dit des origines, questions à Françoise Dolto», entretien avec D. Rappoport, *in Les cahiers du nouveau-né*, n° 7, *Origines*, p. 127-149.

1985 *j* Préface, D. Dumas, *L'ange et le fantôme*, Minuit.

1985 *k* Préface, A.V. Feuerbach, *Mémoires de Gaspard Hauser*, Vertiges/Carrère.

1985 *l* «La mort a-t-elle un avenir?», conférence EPCI, 16 octobre.

1986 *a* «Pourquoi j'écris», *in L'artichaud*, n° 2, janvier.

1986 *b* Préface, père Di Falco, *Saint-Thomas et Bossuet.*
1986 *c* *Solitudes*, Vertiges/Carrère.
1986 *d* *Enfances*, photographies Alecio de Andrade, Seuil, 139 p. (rééd. « Points »).
1986 *e* « Un autiste sourd », *in Pédagogie institutionnelle en question*, p. 41-62.
1986 *f* « Sur la Maison verte », *in Esquisses psychanalytiques*, n° 5, p. 7-22.
1986 *g* « Les partenaires de l'enfant à l'école », intervention au colloque École et/ou prévention, Strasbourg, 7 et 8 février.
1986 *h* « Intervention à la rencontre latino-américaine de 1986 », *in Le psychanalyste sous la terreur*, collectif, Matrice, 1988.
1986 *i* « Enfants sourds », entretien, *in Fondation de France*, n° 47, août.
1986 *j* « La fin de l'analyse et la formation des analystes », propos recueillis par D. Broda et C. Lecoq, *in Bulletin du coût freudien*, mai.
1986 *k* « La foi et la religion », entretien avec I. Beigdeber, P. Kahhn et A. Senik, *in Espaces*, n° 13-14.
1987 *a* Préface, E. Vera, B. Campo, *Toxicomanie* (?).
1987 *b* Préface, B. Dolto, *Le corps entre les mains*, Herman, Éd. scientifiques.
1987 *c* *Tout est langage*, Vertiges/Carrère, 132 p.
1987 *d* *Dialogues québécois*, coll. de J.-F. de Sauverzac, Seuil.
1987 *e* *L'enfant du miroir*, coll. J.-D. Nasio, Rivages, Paris/Marseille.
1987 *f* « Image de soi dans le miroir », *in Le bloc-notes du psychanalyste*, n° 7.
1987 *g* « La surdité », in *Enfants d'abord*, n° 115, mars.
1987 *h* « À la source de chacun de nous », *in Échanges*, juin.
1987 *i* « Article regroupant tous les articles de Françoise Dolto sur les sourds », *in Vivre ensemble*, 18, mars.
1987 *j* « Autour de la lecture », *in Vu*, 21, mars.
1987 *k* « Jeux et jouets », *in Magazine de la Fondation de France*, n° 51, automne.
1987 *l* « L'expression des sentiments (la difficulté de vivre) », *in Psychologie*, n° 44, juin.

1987 *m* « Solitude(s) », *in Approches*, n° 54.
1987 *n* « Discussions sur une communication de D. Vasse », *in Le divan de Procuste*, collectif, Denoël, p. 76-81.
1987 *o* « L'apparition du je grammatical chez l'enfant », *in Sur l'individu*, Colloque de Royaumont, p. 73-87, Seuil.
1987 *p* « Françoise Dolto, mettre la psychanalyse au quotidien », entretien avec F. de Towarnicki, *in Le Figaro littéraire*, mars.
1987 *q* « L'effet Dolto », entretien avec F. Portès, *in Paris Match*, janvier.
1987 *r* « La passion de l'humain », entretien, *in Le Pèlerin*, 27 février.
1987 *s* France-Culture, programme, *Les chemins de la connaissance*, cinq émissions avec J.-D. Nasio.
1987 *t* Antenne 2, « Apostrophes », émission du 2 janvier.
1987 *u* « L'enfant dans la ville », *in Trame*, Nice, octobre 1988.
1987 *v* *Le journal scolaire, à propos de la technique Freinet*, avec M. Amram, cassette VHS.
1988 *a* *La cause des adolescents*, Robert Laffont, 276 p.
1988 *b* *Inconscient et destins, Séminaires de psychanalyse d'enfants*, coll. de J.-F. de Sauverzac, t. 3, Seuil.
1988 *c* *L'enfant dans la ville*, photographies A. Villers, Z'éditions.
1988 *d* *Quand les parents se séparent*, Françoise Dolto questionnée par Inès Angelino, Seuil, 151 p.
1988 *e* « La parole aux enfants », *in Le journal des psychologues*, mai.
1988 *f* « Le sauvetage du petit Pierre », *in Le Nouvel Observateur*, n° 1243.
1988 *g* « Vous qui avez entre 13 et 17 ans... », *in Le Nouvel Observateur*, n° 1243.
1988 *h* « La première éducation est ineffaçable », *in Revue Notre-Dame*, 4 mai.
1988 *i* « Des jalons pour une histoire », entretien avec É. Roudinesco, *in Quelques pas sur le chemin de Françoise Dolto*, p. 11-52, Seuil.
1988 *j* « Françoise Dolto, la parole aux enfants », entretien avec D. Simonnet, *in L'Express*, n° 18, 24 mars.
1988 *k* Préface, A. Ruffo, *Parce que je crois aux enfants*, Éd. de

l'homme, Québec (dernier texte écrit par Françoise Dolto, le 16 août 1988).
1989 *a* *Autoportrait d'une psychanalyste*, Seuil, 285 p.

Bibliographie complémentaire

AUBRY J. et al., *Quelques pas sur le chemin de Françoise Dolto*, Seuil, Paris, 1988.

Collectif, « Françoise Dolto vue et lue par ses collègues et amis », *Le coq-héron*, n° 111-112, 1989.

Collectif, *Enfance aliénée*, Denoël, L'espace analytique, Paris, 1984.

FREUD S., *Essais de psychanalyse*, Payot, PBP, Paris, 1977.

GUILLERAULT G., *Le corps psychique*, Éditions universitaires, Paris, 1982.

JACCARD R., *Histoire de la psychanalyse*, t. II, Hachette, Paris, 1982.

JULIEN P., « Récits évangéliques et discours analytique », *Le coq-héron*, n° 74, 1979.

LACAN J., *Écrits*, Seuil, Paris, 1966.

– *Le séminaire*, livre XI, Seuil, Paris, 1973.

– *Le séminaire*, livre III, Seuil, Paris, 1981.

MANNONI M., *Le premier rendez-vous avec le psychanalyste*, Denoël-Gonthier, Paris, 1965.

– *D'un impossible à l'autre*, Seuil, Paris, 1982.

ROUDINESCO E., *La bataille de cent ans : histoire de la psychanalyse en France*, t. I, Ramsay, Paris, 1982.

– *La bataille de cent ans : histoire de la psychanalyse en France*, t. II, Seuil, Paris, 1986.

THIS B., « Françoise Dolto », *in Le coq-héron*, n° 109, 1988, p. 3-15.

TABLE DES MATIÈRES

TROISIÈME PARTIE

Clinique de l'image du corps

QUATRIÈME PARTIE

Pour une société du sujet

Annexes

Achevé d'imprimer sur presse Cameron
par **Bussière Camedan Imprimeries**
à Saint-Amand-Montrond (Cher)
en décembre 1998
pour le compte de Bayard Editions

Imprimé en France

Dépôt légal : janvier 1999.
N° d'édition : 4375. N° d'impression : 985916/1.

014/28